AF586925

Patricia de Landtsheer

Geschaafde zielen

Patricia de Landtsheer

Geschaafde zielen

Novelle

Met tekeningen van Luc Deneys

les iles

**Voor Luc Deneys, vioolbouwer uit Gent,
en alle slachtoffers van zinloze oorlogen**

"Zonder muziek zou het leven een vergissing zijn".

Fr. Nietzsche

"Een geslaagd gedicht is een muzikaal schilderij van ideeën"

Fernando Pessoa

Comme de sombres larmes émergeant
de sa fracture d'âme,
le violon, de son chant plaintif,
panse les blessures de leur coeur meurtri

Bernard Bertoni, violist

Zoals beschaduwde tranen uit haar
zielsbreuk vloeien
Zo heelt de viool met haar klagend lied
Hun gekneusde hart

Patricia De Landtsheer (vrije vertaling)

Deel 1

Scène 1

Het was laat in de namiddag toen ze in het kleine hotel arriveerden.
Nadat ze hadden ingecheckt, bracht een vriendelijke jongeman hen naar hun kamer.
Niet zozeer omdat ze nog wat extra vakantie wilden, maar eerder om de lange werkperiode achter zich te kunnen laten en even op adem te komen hadden hen ertoe aangezet deze reis te boeken. Vooral hij was dringend aan een break toe.

Het afgelopen jaar had hij zich voornamelijk op het schilderen en beeldhouwen gestort om een nieuwe tentoonstelling te kunnen realiseren, maar daartussenin bleef zijn werk als vioolbouwer en het lesgeven over dit bijzonder vak toch het meest intens en tijdrovend.

Vioolbouwen. Sommigen zouden het misschien als eender welk vak beschouwen, maar voor hem was dat niet zo. Je moest er de feeling voor hebben en vooral, het moest recht uit je hart komen. Alle gevoelens, die op het ogenblik van het maken van dit complexe instrument door je heen gingen, moesten ertoe bijdragen ten slotte iets persoonlijks af te leveren.
Het had iets met kunstzinnigheid en creativiteit te maken, maar vooral met passie en innerlijke gedrevenheid. Vioolbouwen was meer dan zomaar in een stuk hout beginnen te kappen. Het vergde overleg, maar ook studie die je vooraf maakte waarbij je bepaalde zaken diende na te gaan: bijvoorbeeld, was de creatie enkel voor jezelf bestemd, of was ze voor iemand anders? Werkte je in opdracht van iemand of bleef het gewoon bij het maken van een nieuw instrument, een voorwerp dat je

eens het af was, ofwel opborg in een kast, te koop aanbood of het uitleende aan een muzikant, die er op zijn beurt een tweede of zelfs een derde dimensie aan gaf.

Bij elke creatie voegde hij iets persoonlijk van zichzelf toe, iets dat altijd diep binnenin hem aanwezig was, maar dat hij nooit aan derden prijsgaf.

'Is het hier naar je zin?' vroeg ze, en streek hem vluchtig over zijn wang.
Het was of hij nu pas zag waar hij was terechtgekomen.
Hij keek rond. 'Ja, natuurlijk… stijlvol ingericht en blijkbaar voorzien van alle comfort.'
Zijn vrouw ging onmiddellijk op verkenning.
'Moet je zien, lieverd, er is bad en douche. En wat voor een bad. Daar ga ik straks voor ik in bed duik toch even gebruik van maken.
Hij antwoordde met een bevestigend murmelend geluidje en liep naar het raam.
Het druilregende nog steeds en het zag er niet naar uit dat de grauwe hemel de eerste uren zou opentrekken. Het was eind juni, maar de wereld buiten het raam was zo schemerachtig dat licht aandoen in de kamer noodzakelijk was.
'Jammer dat het regent. Ik hoop dat het niet aanhoudt, want in Oostenrijk weet je nooit. Ik had zo op zon gehoopt.'

Ondertussen had zijn vrouw de koffers leeggemaakt en alles keurig opgeborgen in de kast.
'Ach, loopt wel los. Ik heb het weerbericht nagekeken en het is maar tijdelijk. Ik ga me alvast wat opfrissen. Jij zou dat best ook doen. En trek ook maar iets anders aan voor we gaan eten.'
Hij wilde nog wat zeggen, maar ze was al verdwenen.
'Wat een wervelwind, toch, die vrouw van me,' mompelde hij.

Hij rommelde wat in de minibar, vond er een flesje Wodka, schonk zich een glas in en besliste vóór morgen geen andere activiteit meer aan te vatten dan door het raam te turen en de bomen te tellen die zich aan de overkant van de weg als een compacte donkere massa naar de lichtere hemel verhieven.

Hij nam een flinke teug en voelde meteen een warme gloed door zich heengaan.
Tegelijk doken kriebels in zijn benen op, een gevolg van de urenlange autorit die ze een uurtje geleden hadden beëindigd.

Vanuit de badkamer merkte zijn wederhelft op dat het best was niet teveel alcohol te drinken. Het was voor niets goed, en al zeker niet nu hij met mierenbenen zat opgescheept. Haar stem versmolt met de waterstraal die met plenzende joligheid in het bad terechtkwam. Hij verstond nauwelijks wat ze zei. Zijn aandacht werd te zeer getrokken op een bordje met de plaatsaanduiding Ebensee
Hij wroette in zijn hersens. Waar had hij die naam nog gehoord? Of misschien gelezen? Vaag drong iets tot hem door van een kamp uit de Tweede Wereldoorlog.
'Wat doe je daar toch?' hoorde hij haar zeggen. 'Sinds we op de kamer zijn heb je amper enkele woorden gezegd. Voel je je wel goed?'
'Maak je geen zorgen. Ik voel me enkel wat suf in het hoofd na die lange rit.'

Wat hij vooral wou, was rust. Niets doen. Gewoon zitten met het glas Wodka binnen handbereik. En kijken. Naar de overkant, waar het bord met de letters Ebensee in de opkomende mist bijna niet meer van de omgeving te onderscheiden was.

Het zoog hem dichterbij, of hij dit nu wilde of niet. Het straalde

niets uit, maar toch droeg het iets in zich dat hem weemoedig maakte.
Was het de naam? Of was het omdat hij nooit eerder iets over die naam had gehoord? Hij, die over zoveel Holocaustliteratuur beschikte en die zich, bij wijze van spreken dan, te pletter had gelezen aan biografieën, romans, wetenschappelijke en geschiedkundige werken, maar vooral getuigenissen van mensen die de gruwel hadden overleefd en die het nog konden navertellen.

Scène 2

Hij vroeg haar of de naam Ebensee haar iets zei. Het bleef een tijdje stil waarna ze plots in kamerjas met een badhanddoek om het hoofd gedrapeerd in de deuropening stond.
'Ebensee is een kleine gemeente in de Oostenrijkse deelstaat Opper-Oostenrijk. Tijdens de Tweede Wereldoorlog was het een kleine nevenvestiging van het veel grotere kamp Mauthausen.'
'Het is het eerste dat ik erover hoor.'

Ze kwam naast hem zitten. 'Toen ik de aanbieding met korting in mijn mailbox vond, ben ik onmiddellijk op zoek gegaan naar wat er zich in de omgeving bevindt. En omdat het Oostenrijk was, heb ik niet geaarzeld om te boeken.
Zo kwam ik bij de info over het kamp terecht. Je vindt er trouwens genoeg van terug op internet.'
'Kijk eens aan, een aanbod met korting, en je hebt me er niets over gezegd.'
'Lieverd, je werd zo door je werk opgeslorpt dat het zelfs niet bij me opkwam je vooraf te zeggen waar we naartoe gingen. Jij gaat toch meestal akkoord met wat ik beslis. En toen ik zag dat het wat te maken had met de Tweede Wereldoorlog en de kampen twijfelde ik geen minuut.'

Hij moest inderdaad toegeven dat hij niet altijd de meest geïnteresseerde man was in dat soort zaken. De voorbereidingen voor een reis liet hij liefst zoveel mogelijk aan haar over. Zij regelde alles en daar kon hij alleen maar blij om zijn.
'Is er nog meer dat ik moet weten?'
'Ebensee was geen onbelangrijk kamp. Het werd in 1943 in opdracht van Hitler gebouwd nadat de geallieerden de fabrieken voor de V2-raketten hadden gebombardeerd. Ik meen me ook

te herinneren dat de productie van toen af ondergronds verder ging. De nazi's probeerden dit te verhullen door te insinueren dat het om cement- en kalksteenfabrieken ging.
'Interessant. Kunnen we die bezoeken?'
'Ik denk niet dat er van de fabrieken nog veel terug te vinden is, maar we zullen morgen wat meer info vragen. Ik ben ervan overtuigd dat hier wel brochures te vinden zijn. Misschien kunnen we het dorp verkennen. Ik heb wel zin in een stevige wandeling. Maar nu genoeg over dat kamp. Schenk me ook maar een drankje in zo kan jij je ondertussen wat opfrissen.'
Hij strekte zijn rug. 'Ik spring meteen even onder de douche. Dan moet ik dat vanavond niet meer doen.'

Ze soupeerden heerlijk in de intieme foyer van het hotel en besloten na de pousse-café direct naar hun kamer te gaan.
'Geen bezwaar dat ik zo vlug mogelijk in bed duik?' vroeg ze. 'Je weet dat ik meer een ochtend- dan een avondmens ben.'
' Natuurlijk niet.'
'Kom jij ook? Je hebt je rust meer dan nodig na die lange rit.'
'Ik ga nog even wat opzoeken, maar maak het zeker niet te laat.'
Ze wensten elkaar goedenacht.
'Scherm je het computerlicht een beetje af zodat ik niet gestoord word?' hoorde hij haar nog vanuit het bed.

Vrij vlug na haar had ook hij zijn bed opgezocht. Hij had nog geprobeerd enkele van zijn mails te checken, maar het lukte hem niet. Voortdurend vielen zijn ogen dicht zodat hij besloot ook maar te gaan slapen.

Een tijdje later schrok hij wakker en keek verdwaasd de kamer rond. De groene wijzers van de digitale klok wezen vier uur aan. Hij had dan toch enkele uren kunnen slapen.

Hij plooide zijn armen onder zijn hoofd en zocht een gemakkelijke houding, maar het lukte hem niet meer terug de slaap te vatten.

Zijn maag voelde zwaar aan. Daar zat de laat genoten maaltijd en de koffie achteraf wel voor een deel tussen. Thuis at hij nooit later dan zeven uur. Daarna niets meer, tenzij een drankje dat hij dikwijls als slaapmutsje gebruikte. Hij had het beter wat soberder gehouden, zeker met zijn gevoelige maag, maar zijn vrouw was zo enthousiast over het eten geweest, dat hij zich nog een tweede keer had bediend. En daar bovenop dan nog eens de wijn en de pousse-café achteraf. Natuurlijk was dat van het goede teveel.

Hij had zin in een glas water, maar dan moest hij uit bed en zou hij haar misschien wekken en dat wilde hij niet.
Hij had de overgordijnen niet dicht getrokken zodat het licht van de straat naar binnen scheen en ook ontdekte hij op het bureautje het blauwige schijnsel van zijn laptop, die nog aanstond. Het gaf hem geen onaardig gevoel. Liever een beetje licht zodat hij zich niet beklemd voelde.

Daar waren de af en toe flikkerende wijzers van de digitale klok weer. Hij zuchtte en dacht: 'Sluit nu toch je ogen man en probeer nog wat te pitten.' Maar hoe hij ook zijn best deed, het inslapen wilde niet meer lukken.

In de verte hoorde hij reeds de eerste haan kraaien. Nu kon hij het helemaal vergeten.

Hij kreeg het een beetje moeilijk zoals steeds wanneer hij de slaap niet kon vatten en er allerlei beelden door zijn hoofd begonnen te spoken. Soms ontstonden die beelden spontaan en vaak ook hadden ze iets te maken met stukjes fragment uit de vele boeken die hij had gelezen. Met zorg koos hij de literatuur die hem het meest aantrok en die ging vaak over de oorlog. Vooral getuigenissen van mensen die de kampen hadden overleefd, boeiden hem mateloos.

Een verhaal dat hem bijzonder diep had geraakt was de getuigenis van Szymon Laks, een Pools-Joodse violist-componist, die als laatste kapelmeester van Birkenau de geschiedenis was ingegaan.
Stel je voor dat je werd aangeduid om in zo'n gruwelkamp als Birkenau een groep muzikanten te leiden en waarvoor je ook nog eens liederen moest componeren. Het moest lichte frivole muziek en marsmuziek zijn die de gevangenen moest begeleiden naar hun werkplaats. Soms gebeurde het ook dat het orkest verplicht werd te spelen terwijl de gevangenen naar de gaskamer werden geleid.

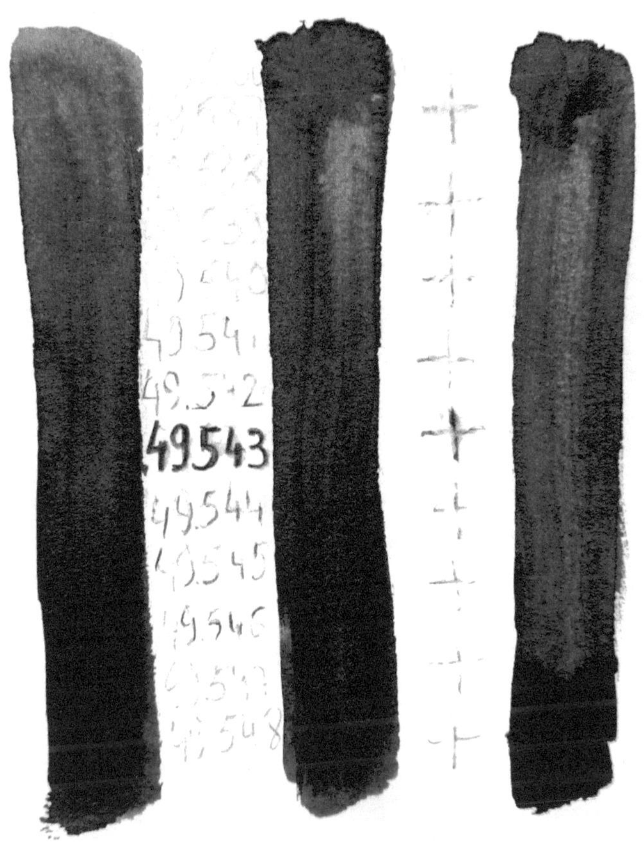

Het nummer 49543 was op de arm van Szymon Laks getatoeëerd. Hij was de laatste kapelmeester van Birkenau, het tweede kamp van Auschwitz.

Wat er daarna gebeurde was nog verschrikkelijker. Hij wilde er niet aan denken, maar het zat ineens weer in zijn hoofd.

In gedachten zag hij die mensen staan, met ontredderde ogen elkaar aanstaren, niet wetende wat er komen ging.
Plots leek het hem allemaal zo absurd hier in een klein hotel in Ebensee naast een rustig slapende vrouw te liggen en tevergeefs pogingen te ondernemen om opnieuw in te slapen. Hoe hadden de kampgevangenen de nacht doorgebracht? Of, hoe verliep een dag in zo'n kamp waar de dood achter elke hoek loerde?

Ebensee.

Hij zei het enkele keren langzaam na elkaar. Bijna klonk het als de aanhef van een of ander lied dat soms geheel onverwacht zijn hoofd binnendwarrelde, maar waarvan hij het ontstaan bijna nooit duiden kon.
Het gewriemel in zijn benen herbegon. Hij kon zich niet langer meer stil houden.

Om haar niet te wekken, besloot hij op te staan. Voorzichtig sloeg hij het dekbed van zich af en ging in de fauteuil bij het raam zitten.
Een piepend geluid drong tot hem door. Hij keek naar buiten en zag dat het bord, dat aan een paal was bevestigd, bewoog in de aanzwellende windvlagen.
Gelukkig was de mist gedeeltelijk opgetrokken zodat hij wat meer van de omgeving te zien kreeg.

Hij schrok op van een nieuwe windvlaag die tegen het raam beukte. In de verte rolde de donder.
'Onweer, dat ontbrak er nog aan,' mompelde hij.

Hij nestelde zich wat dieper in de kussens van de fauteuil. Best kon hij deze slapeloze nacht beëindigen op zijn tablet dan hier nutteloos te zitten staren naar een in de wind bewegend plakkaat.

Scéne 3

Hij zocht de internetverbinding en tikte het woord Ebensee in de zoekmachine.
Een rist aan gegevens verscheen. Vlug maakte hij een keuze en begon te lezen.

Het ging inderdaad over een klein kamp dat een onderdeel was geweest van het veel grotere Mauthausen. SS-officier Otto Riemer, een vreselijke man, zou er de plak hebben gezwaaid. Pas in november 1943 werden de ondergrondse tunnels gebouwd. De levensomstandigheden in Ebensee waren bijzonder slecht. De gevangenen werden als slaven gebruikt en werden verplicht tien tot twaalf uur per dag, en dit zeven dagen op zeven, te werken.

Van november 1943 tot mei 1945 stierven er ongeveer 9.000 gevangenen. Eind april 1945, toen de bevrijding van de kampen al volop aan de gang was, gaf de commandant opdracht alle gevangenen in de tunnels te drijven.

Op 6 mei 1945 werd het kamp door de derde Amerikaanse pantserdivisie bevrijd.

Na de oorlog bleef het kamp nog een tijdje bestaan omdat vele ex-gevangenen nog niet naar huis konden. Er ontstonden spanningen tussen Joodse en Poolse gevangenen zodat de Joodse ex-gevangenen naar een ander kamp werden verplaatst.

Hij kon niet ontkennen dat joodse gevangenen vaak door niet-joodse medegevangenen waren belaagd. Meermaals had hij het in de Holocaustliteratuur teruggevonden.
Wat was het toch met de mens dat er plotseling heel wat duistere

verborgen gevoelens aan de oppervlakte kwamen zodra het om minderheden ging?

Na de bevrijding werden heel wat massagraven ontdekt. Voormalige Poolse gevangenen zouden op die plaatsen betonnen monumenten hebben opgericht, dit ter nagedachtenis van hen die het kamp niet hadden overleefd. De plaats van het kamp werd als woongebied aangeduid. Veel van de resterende structuren werden afgebroken. Enkel de ingangspoort bleef behouden.
Toen hij las dat de voormalige SS-officier enige tijd burgemeester van Ebensee was geweest, kon hij een gevoel van afschuw niet onderdrukken. Gelukkig kwam hier een einde aan met de verkiezing van Waldheim als president van Oostenrijk. De wandaden van sommige leiders tijdens de oorlog kwamen aan het licht, ook al ging de man als gewezen Duits officier bij de Wehrmacht niet volledig vrijuit omdat hij zijn oorlogsverleden voor de goegemeente had verzwegen. De door de slavenarbeiders gegraven tunnels bleven bestaan, maar werden wegens wanonderhoud zodanig verwaarloosd dat de toegang ertoe bijna onmogelijk was.
Veel later werd tenslotte de toegang opnieuw mogelijk door een trap, bekend als ‘Löwengang’.

Dit nu allemaal te lezen benam hem de adem. Meer dan ooit drong de richtingaanwijzer Ebensee zich aan hem op.

Scène 4

Rond tien uur werd hij door zijn vrouw gewekt. Fris en monter stond ze voor hem. Met een brede glimlach stak ze een zakje croissants de hoogte in: 'Heb ik meteen maar voor je meegebracht, zo kunnen we zo vlug mogelijk vertrekken, want ik wil de omgeving verkennen.'

Zoals gewoonlijk had zij al stevig ontbeten.
Nog slaapdronken keek hij haar aan: 'Waarom heb je me niet gewekt?'
'Je had je slaap nodig,' zei ze. 'Je hebt de hele nacht liggen woelen.'
'Heb jij dat dan gevoeld?'
'Natuurlijk. Tenminste het deel van de nacht dat je nog naast mij lag. '
Hij kwam half overeind. 'Sorry lieve, het was niet mijn bedoeling je wakker te houden, maar je weet dat ik het moeilijk krijg als ik niet meer kan slapen en er van alles door mijn hoofd gaat.'
'Geen drama, hoor. Toen je gisteravond zei dat je eerst nog wat wilde opzoeken, wist ik meteen dat het laat zou worden, ik ken je toch. Maar vertel, heb je wat interessants kunnen ontdekken?'
'Ik heb heel wat kunnen lezen, maar na een tijdje begonnen mijn ogen zo te prikken dat ik alles dubbel zag en ben dan ook maar naar bed gegaan.'

Ze kwam op de rand van het bed zitten. 'Ik heb een kort gesprekje gehad met de hoteleigenaar. Hij zei me dat hier in de omtrek heel wat te beleven valt. Dit is tijdens de winter ook een skioord. De pistes liggen hier niet zo ver vandaan. Ons hotelletje ligt niet ver van het KZ. Hij zei er wel bij dat het best

is een gids mee te nemen als we de tunnels willen bezoeken.'
'Ik las iets over een 'Löwengang'. Die zou ik wel willen ontdekken.'
'Laten we dan niet te lang meer talmen.'
'Wil je eerst wat eten voor we vertrekken?'

Hij antwoordde niet direct. Eigenlijk had hij niet veel zin in een ontbijt. Zijn maag voelde nog zwaar aan.
'Je gaat toch met me mee?' Haar stem dwarrelde door de kamer.
Eerlijk gezegd zou hij veel liever nog wat in bed blijven, maar wat kon je uiteindelijk antwoorden aan een vrouw die je de halve nacht alleen in bed had achtergelaten?
'Wel dan?'
'Natuurlijk ga ik met je mee.' Met enig steunen hees hij zich uit bed.
'Ik fris me even op,' zei hij.
'Ik stop je ontbijt in mijn tas, mocht je honger krijgen.'

Luidruchtig plensde hij water in zijn gezicht, waarna hij zonder verder mopperen naast haar de mistige buitenwereld binnenstapte en er onmiddellijk stevig de pas inzette.'
'Wat krijg jij ineens?' hoorde hij haar nog, maar het was of haar stem mijlen van hem verwijderd was.
Hij ging recht op het bord met de halfvergane letters af. Nu hij er zo kort bij stond had het eerder iets zieligs. Waarschijnlijk had er in jaren geen mens naar gekeken, laat staan dat het door een sterveling was aangeraakt.

Omdat hij er maar bleef naar staren vroeg zij wat hij toch had met dat bord, waarop ze hem hoofdschuddend voorbij stak en haar weg vervolgde.

Nu was zij het die de leiding nam en om eerlijk te zijn, was hij er niet rouwig om.

Scène 5

Zwijgend vervolgden ze hun weg, tot ze aan de rand van een wijk met bungalows en chalets stonden.
Hij was ervan overtuigd dat hier het vroegere kamp had gestaan. Deze nacht had hij bij de info gelezen dat al in 1946 de plaatselijke politici de aanleg van een woonwijk op het 20 hectare groot terrein hadden bepleit om in de toekomst geen buitenlandse vluchtelingen in het dorp te hoeven verdragen. Hij vroeg zich af of onder de keurige bestrating, de voorhofjes en ruime tuinen misschien nog stoffelijke resten lagen van hen die hier ooit de dood hadden gevonden. Het was niet ondenkbaar. Kijk maar naar de omgeving van Ieper waar de Eerste Wereldoorlog uitgevochten werd en waar nog steeds resten van soldaten gevonden worden.

Het vroegere schoolgebouw was als museum ingericht. Er stonden heel wat borden met info over de geschiedenis van het kamp, maar ook de omgeving en wat er allemaal in de nabijheid te beleven viel, kwam ruim aan bod. Geïnteresseerd ging hij van bord naar bord.
'Lieverd, ga je dat nu allemaal lezen? Ik stel voor dat we nu voortgaan en die info voor de volgende dagen laten. Als we die Löwengang willen vinden, kunnen we dat nu maar beter doen, het is al bijna middag.'
'Je hebt gelijk, ik kom wel op een andere dag terug. Stap jij maar door, ik volg je wel,' zei hij.
Zij zette er ineens goed de pas in.

In gedachten verzonken bleef hij haar op een afstand volgen. Hij geraakte helemaal in de ban van de omgeving. Wondermooi was het hier. Hij bleef even stilstaan om de omgeving in zich op te nemen: de mooi aangelegde parkjes, het gebergte in de verte, het groen van de bossen rondom. Hij sloot de ogen en luisterde naar het gekwinkeleer van een vogel ergens boven hem in een boom, en ademde langzaam in en uit. Een lach krulde om zijn mond toen er enkele hongergeluiden uit zijn maag opstegen en - alsof het zo moest zijn - het gefluit van de onzichtbare zanger begeleidden. Dat bracht hem tot de realiteit terug en herinnerde hem eraan dat hij nog niet had ontbeten. Hij had enkel een groot glas water gedronken voor hij met zijn vrouw aan de wandeling begon.

Hij trok de klep van zijn schoudertas open en ging op zoek naar het papieren zakje met de croissants die zij van de ontbijttafel had meegenomen. Toen hij enkel zijn gsm, een pakje Kleenex zakdoekjes en een flesje water vond herinnerde hij zich dat zij het zakje in haar tas had gestopt.
Pas nu merkte hij dat ze was doorgelopen. Hij speurde de omgeving af, maar zag haar nergens meer. Er zat dus niets anders op dan haar te bellen.

Hij diepte zijn gsm op, maar hoe hij ook probeerde hem aan te zetten, hij kreeg geen beweging in het toestel. Natuurlijk had hij de batterij weer vergeten op te laden. Typisch iets voor hem.
Hij besloot dan maar zijn weg te vervolgen en goed door te stappen, misschien dook zijn vrouw ergens op, of wachtte ze ergens op hem.

Volgens de info over de 'Löwengang', zoals hij werd genoemd, kwam je in de ondergrondse tunnels. Toegang was alleen te voet mogelijk vanaf de poort van het kamp. In het midden ervan zouden zich twee stenen trapgedeelten bevinden. Die moest hij zo vlug mogelijk vinden.

Vanaf de zomer van 1944 waren het kamp en de steengroeve met elkaar verbonden door een prikkeldraadgang die in het kampjargon 'leeuwenwandeling' werd genoemd omdat de gevangenen zich als circusdieren voelden die door de omheining werden gedreven.
Nu waren de paden verdwenen en hadden plaats gemaakt voor de twee stenen trappen. Hij herademde pas toen hij niet veel later voor de bewuste trappen stond.
Snel daalde hij af.

Hij kwam in verschillende zalen terecht, die allemaal op elkaar leken. Er waren wel pijlen aangebracht, maar het bleef een doolhof. Het labyrint van gangen dat door de slavenarbeiders ooit in de verschrikkelijkste omstandigheden was aangelegd, bezorgde hem koude rillingen. De vochtige muf ruikende lucht hing zwaar tussen de muren en gaf hem een beklemmend gevoel.

Besluiteloos draaide hij in het rond, niet goed wetende welke richting te nemen. Hij herinnerde zich de woorden van de hoteleigenaar dat je best niet zomaar op eigen houtje de tunnels inliep en gokte op de meest intacte. Blijkbaar was het een goede gok want niet veel later voelde hij een luchtstroom die hem ten slotte weer naar buiten bracht.

Diep zoog hij de kruidige buitenlucht in zijn longen. Hij ging op een vooruitstekend stuk rots zitten en probeerde zijn gedachten te ordenen. Wat had hem toch bezield de tunnel zomaar in te gaan? Toen hij besefte dat zijn vrouw waarschijnlijk een andere weg had genomen had hij gewoon rechtsomkeer moeten maken en teruggaan. Hij hoopte dat zij ondertussen wel was teruggekeerd en dat ze in het hotel op hem zat te wachten. Hij mocht er niet aan denken dat haar iets was overkomen.

Paniek greep hem aan. Hij dronk het laatste restje water op en vervolgde haastig zijn weg.

Scène 6

Het wolkendek trok volledig dicht. In de verte klonk gerommel. Er stak wind op. Een eerste bliksemschicht doorkliefde het nu bijna geheel verduisterde luchtruim. Enkele minuten later viel de regen met bakken uit de lucht.

Hij zette het op een lopen om zoveel mogelijk aan de plensbui te ontsnappen, goed oplettend niet uit te glijden op de glibberige ondergrond waarop zich kleine beekjes vormden die in volle vaart naar beneden stroomden. In een mum van tijd waren zijn stapschoenen doorweekt en voelde hij de regen langs zijn kraag naar binnen sijpelen.

Hij trok de kap van zijn jekker zo diep mogelijk over zijn hoofd en stapte vlug door. In de hele omgeving was geen levende ziel meer te bespeuren.
Een eindje verder begon het pad breder te worden. Hij besloot hier een korte rustpauze in te lassen.

Gelukkig doemde in het vale licht, bezijden de weg, een grote houten poort met een overhangend gedeelte op waaronder hij toch enige beschutting vond.

Hij voelde het hout tegen zijn rug. Pas dan bemerkte hij het infobord naast de poort.
Een rilling liep door hem heen toen hij las dat dit de ingangspoort was geweest die toegang gaf tot de vijfde tunnel.

Voorzichtig gleden zijn vingers over de ruwe, door erosie aangevreten structuur van het hout, een van de tastbare overgebleven bewijzen dat hier ooit een kamp had gestaan waar duizenden onschuldige mensen de dood hadden gevonden.

Zijn gedachten gingen uit naar de slachtoffers. Hoeveel van hen waren door deze poort de tunnels in gedreven.

Door de regenval had zich een grote plas gevormd tussen de verharde weg en de poort wat het zomaar wegstappen bemoeilijkte, maar met een beetje armgezwaai lukte het hem toch om zijn evenwicht voldoende te bewaren en de zompige greppel achter zich te laten.

Fier om zoveel behendigheid keek hij nog eens om en zag hij toen het stuk hout liggen dat waarschijnlijk van de poort was afgebroken. Hij trok het uit de modder en vergeleek het met de uitgespaarde vorm die in de poort was achtergebleven, wreef het zoveel mogelijk schoon met zijn zakdoek en stopte het vervolgens als een kostbaar kleinood onder zijn jekker.

Even plots als het begonnen was hield de regen op en dreef het onweer over.

Hij begon weer te stappen. Eerst langzaam, daarna sneller en sneller, alsof hij deze plaats zo vlug mogelijk wilde verlaten.

Het pad liep kronkelend naar beneden en was op sommige plaatsen gevaarlijk glad.

Hij was zo onder de indruk van het voormalige kamp en de tunnels waarin hij bijna was verdwaald, dat hij nauwelijks besefte dat hij vlakbij het hotel was.

Pas toen hij het angstige gezicht van zijn vrouw zag, die in aanwezigheid van de hoteleigenaar en enkele personeelsleden ontredderd op hem zat te wachten, drong het tot hem door dat dit avontuur niet voor herhaling vatbaar was.

Iedereen was duidelijk gealarmeerd geweest over zijn kortstondige verdwijning. Was hij nog langer weggebleven dan hadden ze de politie ingeschakeld om hem te komen zoeken want het bleek niet de eerste keer dat iemand in de tunnels verdwaalde.

Terug in hun hotelkamer vertelde hij haar het hele verhaal en toonde haar het stuk hout dat hij uit de plas water had gered.
'Ben je er zeker van dat het uit de poort komt?'
'Geen twijfel mogelijk,' zei hij, 'ik heb het in het uitgespaarde gedeelte gelegd en het paste precies.'
Hij reinigde het en wikkelde het in een aantal Kleenex zakdoekjes die hij altijd bij zich had.
'Wat ben je ermee van plan?'

Hij trok hij zijn schouders op. 'Voorlopig weet ik het nog niet.' Misschien zou hij het gewoon bewaren zoals hij zoveel, voor anderen onbenulligheden, voor hem soms dingen van grote waarde, bewaarde. Het was nu eenmaal een gewoonte van hem geworden van elke plaats waar hij naartoe reisde, iets mee te nemen: een steen, een blad aan een boom met een rare vorm, een fossiel, of zoals nu, een stuk hout uit een toegangspoort die de dwangarbeiders naar de vijfde tunnel van het concentratiekamp Ebensee had geleid.

Deel 2

Scène 7

Het eerste wat hij deed toen ze terug thuis waren, was het stuk hout opdiepen dat hij gedurende twee weken in een apart vak van zijn koffer had bewaard. Maar wat een teleurstelling toen het bijna helemaal uit elkaar viel zodra hij het voorzichtig tevoorschijn haalde.

Door het afgesloten zitten op een warme plaats in een omhulsel dat alle vocht had opgeslorpt was het hout zo broos geworden dat het verpulverde bij de minste aanraking. Slechts enkele stroken bleven over.

Omdat hij nog steeds niet wist wat hij ermee wou aanvangen, legde hij het voorzichtig in de kast waar hij zijn betere violen bewaarde.

In zijn onderbewustzijn zat iets aan te komen, dat voelde hij duidelijk, alleen bleef alles nog vaag en zonder vorm.

Scène 8

Enkele weken later, tijdens het bouwen van een nieuwe viool, werd zijn aandacht opnieuw getrokken op de stroken hout die nog steeds onaangeroerd in de kast lagen.

In de vitrine van de kast zag hij de houten poort weer verschijnen, waartegen hij op die druilerige vakantiedag in het voormalige kamp Ebensee had geschuild. Zijn handen voelden weer het ruwe hout dat ze bijna in een soort van liefkozing hadden aangeraakt. Hij zag de slachtoffers een voor een door de poort verdwijnen en niet meer terugkomen. 'Zoveel onschuldige mensenlevens die daar in de meest extreme omstandigheden door ontbering en uitputting waren uitgewist,' dacht hij.

Hij zag zich bukken en het stuk hout oprapen, dat in die stormachtige namiddag van de poort was losgekomen, en ook al wist hij dat dit alles tot een waanvoorstelling behoorde, toch voelde het alsof hij het opnieuw onderging.

Hij opende de kast, nam de houten pennendoos die hij sinds zijn lagere schooltijd had bewaard, schoof het deksel open en bekeek de splinters.
Plots wist hij wat hij met de stroken hout zou doen. Hij zou ze verwerken in de viool die hij aan het bouwen was. Een vreemd gevoel maakte zich van hem meester.
Misschien had het al die tijd in hem gesluimerd en kon het pas nu tot uiting komen, maar het was zo sterk en overweldigend dat hij zonder verder nadenken besloot de houtsplinters een blijvende bestemming te geven.

Zijn volgende creatie zou iets heel speciaals worden. Zij zou zich boven alle andere creaties, die hij in zijn leven had gemaakt, verheffen. En dat waren er tot nu toch al een groot aantal.

Tegelijk met deze gedachte voelde hij iets alsnog vaag en onduidelijk uit zijn herinnering opborrelen. Hij kon het niet benoemen, maar dat het iets te maken had met zijn onlangs vreemde ervaring in Oostenrijk, daar bestond geen twijfel over.

Scène 9

Hij was nooit een voorstander geweest van het bouwen van reeksen. Daarom experimenteerde hij voor elk instrument met vorm en klank. De creaties hadden iets uniek en waren stuk voor stuk heel persoonlijk, meestal afgestemd op de koper voor wie zij bestemd waren. Vaak voorzag hij de krul van een sculptuur als de vrager daar om vroeg. Zo werd aan het instrument de naam *kunst* toegevoegd.

Vanaf het moment dat hij besloot de houtsplinters in de viool te verwerken, gebeurde er iets met hem en met het instrument, bijna alsof de zielen van zoveel gestorven mensen doorheen de geschiedenis langzaam vrijkwamen en bezit van hem namen. Hij vroeg zich af of zoiets eigenlijk wel mogelijk was – hij was niet iemand die in te verregaande spelingen van de psyche geloofde - maar je wist natuurlijk nooit. Stel dat het wel zo was. Stel dat de dolende zielen toch op zoek waren naar een plaats om eindelijk rust te vinden en ze die bij hem konden vinden, wie zou hij dan zijn om zich hiertegen te verzetten?

Zodra hij aan de viool begon ervoer hij een soort onderwerping, of misschien was het eerder een soort van gewilligheid, een berusting in het vertrouwen dat zij hem schonk. Nog nooit had hij dit gevoel eerder meegemaakt, maar voor alles was er een eerste keer, dus nam hij er genoegen mee.

Bijna was het een wonder te noemen dat hij uit het gedeeltelijk verpulverde stuk hout toch nog enkele stroken had kunnen redden. Hiermee zou hij aan de slag gaan om de opdracht uit te voeren die hij zichzelf had gegeven en die tijdens hun vakantie in die wondermooie omgeving nabij die verderfelijke plaats moest hebben gerijpt.

Lang bleef het die dag stil aan zijn werkbank. De sfeer was geladen. De omgeving vervaagde en hij voelde zich opgenomen worden in een soort waas, die hem verder en verder van de realiteit liet wegdrijven.

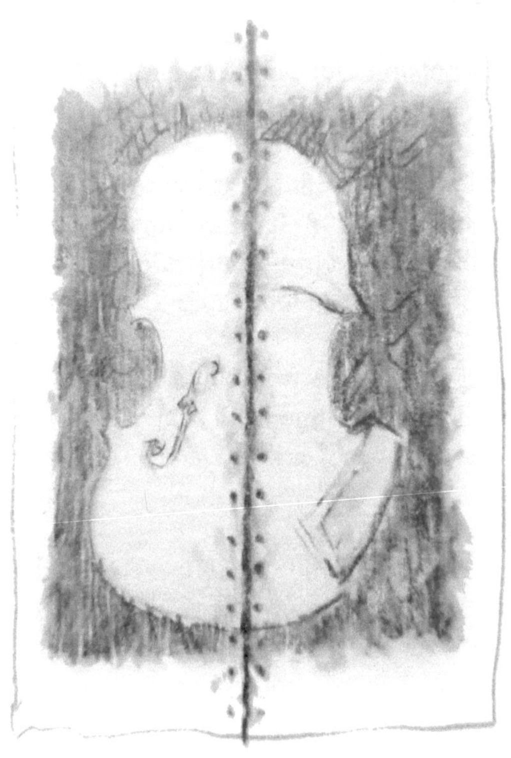

Scène 10

Hij was bezig met de afwerking van het bovenblad. De zangbalk was al aangebracht. Nu zou het lijmen op de krans en het achterblad van de viool volgen.

Hij wist niet wat hem bezielde, maar geheel onverwacht en zonder nadenken brak hij met een korte ruk het bovenblad. Het ging vanzelf. Hij had er niet de minste moeite mee omdat het bovenblad uit sparhout was gemaakt en in de langslengte zeer breekbaar is. De barst ontstond ter hoogte waar de ziel in de viool wordt geplaatst.

Op zijn hand lagen de houten splinters van de poort. Het was of ze er gaten in brandden. Maar hij had de stap gezet en kon niet meer terug, ook al sneed het vlijmscherp door zijn hart dit prachtige instrument uit elkaar te halen.

Stuk voor stuk viel het hout op de werkbank. Zijn hart sloeg enkele keren op hol. Hij had het aangedurfd haar te breken, dus moest hij haar ook weer tot leven wekken. Dat was hij aan haar verschuldigd.

Omdat het creatieproces nu definitief was ingezet, voelde hij de druk toenemen. Als het hem lukte uit te voeren wat hij haar had beloofd zou dit een meesterstuk worden of, naar zijn gevoel, een levenswerk. Hij zou de houtsplinters inwerken op de plaats waar de ziel van de viool moest komen, als symbool voor de duizenden slachtoffers die in de concentratiekampen zinloos waren vermoord.
Door de viool te bespelen zouden hun zielen eindelijk een thuishaven vinden waar zij in alle rust de eeuwigheid konden ingaan en daardoor onsterfelijk worden.

Nu hij wist wat in dat bijna vergeten kamp was gebeurd, zag hij het herbouwen van deze viool als een missie. Hij zou de vioolbouwer van het schimmenrijk worden.

Scène 11

Daar lag zij, ontmanteld, weerloos, overgeleverd aan zijn bedrijvige handen. Het bovenblad, in vaktermen ‘tafel’ genoemd, had hij er al afgehaald waardoor haar ziel – niet meer dan een onooglijk klein houten blokje - automatisch was gevolgd. Toen zij op de werkbank tussen de ontmantelde stukken viel, ging een zodanige huivering door zijn lichaam dat hij zich plots onwel voelde worden.

Hij stond niet meer aan zijn werkbank, maar bevond zich ergens op een plaats waar onduidelijke silhouetten van mensen zich in een traag tempo doelloos van het ene punt naar het andere verplaatsten.
Er lag geen ontmantelde viool meer voor hem, maar ruwe stukken hout waarvan de geur van spar, esdoorn en ebbenhout opsteeg. Vaag hoorde hij de wind die met de takken speelde. Het herinnerde hem aan het geluid van klapperende vogelvleugels dat er zich uit losmaakte.

Als in een droom hoorde hij de geluiden aanzwellen tot een kakofonie van klanken, ondefinieerbaar waar ze ineens vandaan kwamen.

Hij sloot de ogen en daalde af in de duistere kampwereld van lang geleden waarin mensen met holle starende ogen waar alle leven uit geweken was, zich doelloos voortsleepten.

De klanken vervlochten zich met de op dat eigenste ogenblik waarneembare geluiden, zoals de roep van een vogel, een voorbijrijdende auto, het geblaf van een hond, de piepende remmen van een trein – of was het een tram - die tot stilstand kwam. Vooral het snerpende geluid dat zenuwachtig in zijn oren drong, veegde het licht uit zijn ogen.

Het werd aardedonker en heel stil, tot de deur met een ruk werd opengeworpen en hij zich op de drempel van een soort inferno moest bevinden.
‘Ga niet verder. Stop hier, nu het nog kan,’ fluisterde een stem binnenin hem.
Maar hij stopte niet omdat hij wilde weten, deel uitmaken van datgene wat zich ginds moest hebben afgespeeld.

Zijn handen gleden strelend over de ontmantelde viool. ‘Ik laat je weer leven,’ fluisterde hij.

Scène 12

Ooit kreeg een gevangene in een van de meest gruwelijke kampen het bevel *een viool te bouwen die alle andere violen oversteeg.* Hij kreeg de zin naar zijn hoofd geslingerd waardoor hij op de valreep aan de gasdood kon ontsnappen. Niet dat dit zonder slag of stoot ging, of dat hij, nadat hij deze zware taak op zich had genomen, verder als een geprivilegieerde zijn kamptijd uitzat. Niets was minder waar. Geprivilegieerden hadden de keuze, buigen of barsten, dat was alles.
Bleek dat deze gevangene nu net het beroep van timmerman had en er op dat ogenblik een kampbeul was die met een grote muziekwens rondliep. Vanaf nu zou hij hem Bull noemen. Waarom juist die naam kon hij niet verklaren. Bull leek hem het best te passen bij een kampbeul.

De vioolbouwer had het verhaal gelezen en had het zoals zoveel getuigenissen over de Holocaust verschrikkelijk gevonden. Misschien had het iets te maken met het beroep dat hijzelf uitoefende. Hij kon ook niet met zekerheid zeggen of er ooit in een kamp zo'n viool voor een kampoverste daadwerkelijk werd gebouwd, maar wat deed het ertoe? De getuigenis was bij hem binnengeslopen en had haar uitwerking niet gemist. Onmiddellijk had hij een sterke verbondenheid gevoeld met de man.

Men zou kunnen inroepen of het werkelijk over toeval ging, een lot of de goddelijke voorzienigheid voor sommigen, maar feit was dat deze man zijn beul in de waan liet over in hoever hij voor hem een viool kón bouwen. Tenslotte was hij een timmerman en geen vioolbouwer. Hij wist dus niet of hij ooit in staat zou zijn dergelijke zware opdracht te voltooien, ook al had het zelfbehoud reeds toegehapt. Hij nam zich voor ervan te maken wat in zijn mogelijkheid lag. Of hij nu zo de dood werd ingejaagd, of doordat zijn beul hem op die manier naar de slachtbank leidde, het deed niets terzake. Hij had de opdracht aanvaard, dus zou hij ze uitvoeren.

De vreselijke zin zocht zich een weg naar de hersens van de vioolbouwer en verankerde zich. Een beangstigend gevoel overmeesterde hem.

Als een dwingende adem legden de woorden zich op zijn schouders neer.

Schichtig keek hij rond, maar er was niemand in het atelier. Toch twijfelde hij. Verborg zich daar niet iemand in de donkerste hoek van zijn werkkamer? Liet hij zich niet te ver opnemen in zijn eigen psyche en zou dit geen nadelige gevolgen kunnen hebben op hemzelf?
Hij vroeg het zich af, maar veegde de vraag met een korte beweging van zijn schouders weg.

Het daglicht viel door het kleine raam en hulde het atelier in scheerlicht wat het onwezenlijke nog meer benadrukte.

De geur van hout, vernis en lak werkte bedwelmend.
Zijn bevende handen strekten zich uit, begonnen hier en daar te schrapen want het hout was nog te dik en zolang dat zo was zou de viool nooit een mooie klank kunnen voortbrengen.

In gedachten verzonken begon hij haar glad te schuren.

Hij snoof de geur op van het hout. Hoe vaak had hij diezelfde handeling niet uitgevoerd, bijna als een ritueel.

Het lichte, schrapende geluid van de beitel bracht hem in een soort roes, die niet onaangenaam aanvoelde.
Naarmate hij vorderde begon hij zich meer en meer af te vragen wie hij eigenlijk was. Bestond hij nog wel echt als de vioolbouwer uit de 21ste eeuw? Of was hij in wezen iemand anders geworden? Was hij een deel van zichzelf kwijtgeraakt toen hij op die onwezenlijke dag dat stuk hout had opgeraapt?

Scène 13

Telkens wanneer hij aan de viool werkte, kreeg hij het gevoel dit al eens eerder te hebben meegemaakt. Hij werd een toeschouwer die keek hoe een paar handen aan het werk gingen.

Misschien was het absurd te denken dat hij, met het oprapen van de houtsplinters en het inwerken ervan boven de ziel van het instrument, één van de dolende zielen was geworden. Iemand met een missie, die door de verschrikkelijke omstandigheden niet had kunnen voltooien wat hem toen was opgedragen, maar nu opnieuw tot leven was gewekt.

Tegelijk met de gedachte aan de dolende zielen begonnen vage herinneringen tot hem door te dringen, alleen wist hij niet of hij deze ergens op kon enten. Het was natuurlijk niet ondenkbaar dat het wel degelijk iets te maken had met vreselijke dingen uit het verleden die in de kampen waren gebeurd. Misschien had hij er teveel boeken over gelezen. Getuigenissen van mensen, die het verschrikkelijkste wat een mens kon meemaken, hadden ondergaan.

Uit de belendende kamer drong muziek tot hem door. Met schuin opgeheven hoofd luisterde hij. Hij herkende de melodie als het vioolconcerto van Mendelssohn.

Hij sloot de ogen en liet zich opnemen door de muziek. Het moest een uitvoering zijn van violist Itzhak Perlman, die op vierjarige leeftijd polio kreeg en daardoor gedoemd was zich met krukken, en later in een rolwagen te verplaatsen. Zo trad hij ook op. Dat belette hem echter niet een van de grootste violisten ter wereld te worden.

De vioolbouwer en zijn vrouw hadden een diepe bewondering voor deze begenadigde violist.

De vioolklanken namen hem verder op, zweefden boven hem uit om zich dan weer als een zachte sluier over zijn hart te leggen.

Dan ineens herinnerde hij zich de getuigenis van Szymon Laks, die in Birkenau-Auschwitz, één van de grootste vernietigingskampen in Europa, een stukje uit het concerto voor viool als auditie had gespeeld. Hij ambieerde er een post als notenschreiber-arrangeur, die later tot kapelmeester van het kamporkest zou leiden.

Voor zijn deportatie naar Auschwitz zou Laks in Parijs als solist het concerto van Mendelssohn spelen. Het was dan ook het enige dat hij zich bij zijn auditie herinnerde.

Het korte optreden verliep vlekkeloos. De kampoverste, een grote muziekliefhebber, prees Laks voor zijn sublieme uitvoering. Toch volgde vrijwel onmiddellijk de opmerking dat muziek van de joodse Felix Mendelssohn in het kamp niet was toegelaten.

De getuigenis van de man, die gedurende bijna drie jaar als kapelmeester in één van de verschrikkelijkste kampen werd aangesteld, zorgde voor verdere hersenspinsels.
Laks zou van de kampoverste de opdracht hebben gekregen liederen te componeren met een plezierige inslag. Zij moesten worden gespeeld terwijl de gevangenen naar het werkkamp marcheerden dat zich een eind buiten het hoofdkamp bevond. En ook al beschreef de getuigenis het met andere woorden, toch was de vioolbouwer ervan overtuigd dat het orkest ook wel

zal hebben gemusiceerd wanneer de arme drommels zich naar de gaskamer begaven. Vooral dit gegeven had hem aangezet tot nadenken. Stel je voor dat je als musicus werd gekozen om een orkest samen te stellen in een kamp als Birkenau, het vervolgens uit te bouwen tot volwaardig en hoog niveau ondanks het ontbreken van degelijk materiaal, en dit enkel tot vermaak van de Bulls zoals hij ze noemde, om je eigen hachje te redden. Hij kon niet anders dan zich afvragen hoe die man, die in de getuigenliteratuur kapelmeester werd genoemd, zich moet hebben gevoeld, temeer omdat hij voor de heersersnazi's slechts een luis was, een Untermensch, die omwille van zijn joodse afkomst het recht niet had te leven. Tenzij hij natuurlijk naar de heren hun pijpen danste, nederig het hoofd boog en deed wat van hem werd gevraagd.
Wat deed dit met een mens?

Scéne 14

Voor hij zichzelf met deze bijzondere missie had belast, had hij er nooit bij stil gestaan wat een bizar toeval aan een mensenleven kon veranderen.
Tot nu was zijn leven kabbelend voorbijgegleden. Maar dat zou nu veranderen. Dat besefte hij wel.

Het oprapen van het bijna verpulverde stuk hout uit de poort in Ebensee waarvan hij de overgebleven splinters in het bovenblad had ingewerkt, er zorg voor dragend dat ze juist boven de ziel van de viool terechtkwamen, had hem innerlijk zo sterk aangegrepen dat hij niet anders kon dan in stilte verdergaan en zich laten opnemen in die vreemde schimmenwereld. Voor hem waren de houtsplinters geen splinters meer, maar werden het tranen, ook al vroeg hij zich af wat de ware zin ervan was.

Mocht hij zichzelf tot zoiets verhevens verheffen? Altijd was hij geleerd minzaam en bescheiden te blijven. Door zijn ouders, zijn leermeesters, zij die hem waren voorgegaan. Slechts nu, met die vreemde confrontatie met dat bijna vergeten kamp dat zoveel gevoelens bij hem had losgeweekt, was hij veranderd. Hij dacht anders. Bewoog zich anders. Was zich op een totaal andere manier bewust van het emotionele dat zich binnenin zijn eigene zelf verschool, zodat er als het ware een totaal ander personage geboren werd. Iemand die zijn leven volledig zou omgooien en enkel nog ten dienste zou stellen van de kunst.

Maar, zo bedacht hij onmiddellijk, zou hij zichzelf dan niet bedriegen? En zou hij ook de nagedachtenis van zoveel slachtoffers van de genocide, niet besmeuren? Eerlijk gezegd, hij wist het niet.

Weer voelde hij de woorden van Bulll bezit van hem nemen, ook al had hij er in se niets mee te maken omdat hij slechts een uitvoerder van zijn eigen psyche werd. Maar de dolende zielen moesten een thuis krijgen. Hij zou hun nagedachtenis als tranen enten op de ziel van de viool. Ja, dat zou hij doen.

Scène 15

Voor zichzelf had hij een deadline voor het voltooien van de viool ingesteld, dat zou de intensiteit van het hele proces nog meer diepgang verlenen.

Met vaste hand bewoog hij het kleine schaafje over het hout, tegen de nerfrichting in zoals hem lang geleden was aangeleerd. Dit was nodig omdat dikke wanden niet konden. Als een vioolwand te dik bleef, maakte zij de klank van dit zo verheven instrument dof.

Met het verder schrapen kwamen ondefinieerbare geuren vrij. Hij rook aarde, schors, bladeren, humus, houtkrullen, maar ook vaag de geur van roosterend vlees. Tegelijk met deze waarneming dreef zijn geest verder weg en nestelde zich tussen de trillende lagen kosmos.

Hij was geen gewone vioolbouwer meer, maar een schepper van iets groots dat toevallig tot hem was gekomen en dat hem het gevoel gaf dit allemaal al eens eerder te hebben ondergaan. Hij sloot de ogen en verplaatste zich naar de plaats waar ooit zoveel onschuldige mensen door de waanzin van een dictator de dood waren in gejaagd.
Hij werd een metafoor tussen de metaforen. Iemand die de kunst verstond te creëren, zijn gaven aan te wenden en te gebruiken.

Zo intens ging hij in zijn arbeid op dat hij niet hoorde hoe de deur opengging. Pas toen zij met een klap dichtviel, keek hij op. In het vale licht, dat aan het eind van de kamer door de hoge in lood gevatte ramen drong, zag hij iemand, een man van middelbare leeftijd - zo leek het hem - die langzaam naar de vitrinekast wandelde waar hij zijn mooiste creaties bewaarde.

De violen op de ebbenhouten staanders waren van een sierlijke krul voorzien. Enkele waren zelfs afgewerkt met een sculptuur. Eén ervan sprong onmiddellijk in het oog. Het was een altviool waarvan hij in de krul een Beethovenkopje had gesneden. Het was de eerste viool die hij ooit had gebouwd, zo vele jaren geleden. Maar er waren ook andere: met een vrouwenhoofd bijvoorbeeld, zelfs het hoofdje van een kind. Meestal ging het om iets heel persoonlijks, of had het een emotionele inslag.

De man neuriede een melodie, die de vioolbouwer niet onmiddellijk herkende.
'Zoekt u iets meneer?' versnipperde zijn ietwat haperende stem de stilte.

Toen hij van zijn stoel opstond om naar de bezoeker te gaan, verdween het beeld even plots als het gekomen was en bleef hij in de leegte staren. Er was niemand.

Begon hij te hallucineren? Of was er die dag, toen hij verdwaald raakte in de tunnels van Ebensee, waar hij de koude vinger van het inferno als het ware in zijn nek had gevoeld, iets ernstig met hem gebeurd? Zoiets was niet onmogelijk. Een mens is tenslotte maar een mens, die werd bijeengehouden door draden en vaten, een netwerk van gevoelens, indrukken, meningen, zelfs door herinneringen.
Ook het telkens onaangekondigd verschijnen van de priemende ogen van Bull bezorgde hem koude rillingen. Maar ook dat was niet onmogelijk. Die man had bestaan. Voor de vioolbouwer was hij iemand die in eender welk kamp zou kunnen opereren, zelfs nu, terwijl de oorlog meer dan vijf en zeventig jaar voorbij was.

Het einde van de oorlog werd elk jaar opnieuw herdacht en gevierd. Maar kon je eigenlijk het einde van een oorlog vieren terwijl je wist dat juist door die oorlog miljoenen mensen de dood waren ingejaagd? In beide kampen trouwens.

Als hij daarover sprak, bekeek men hem soms met argwanende ogen. Terecht misschien, maar toch had hij het er moeilijk mee. Was het niet zo dat in oorlogen waar mensen worden ingezet uiteindelijk niemand wint? Misschien was het juist dat wat hem zo verbeten deed verder werken aan dit complexe instrument.

Natuurlijk waren er door de eeuwen heen vele Bulls geweest. Eigenlijk was het leven een aaneenschakeling van oorlogen, terreur, massavernietiging en de nooit aflatende drang om macht. De geschiedenis stond er bol van. Als je er goed over nadacht begon het al op de speelplaats, in de klas, op het werk, zelfs thuis. En dat laatste leek hem nog het ergste. Daar waar twee mensen elkaar moesten steunen, liep het vaak mis en ontaardde het in twist, zelfs soms met handgemeen tot gevolg.

Hij probeerde zijn gedachten zoveel mogelijk te bannen, bang dat Bull zijn angst zou ruiken. Schichtig keek hij rond. Er was niets te zien. Maar wat bleef hij over Bull zeuren? Die bestond immers allang niet meer. Ook die behoorde sinds lang tot het schimmenrijk.
'Ik moet voortmaken,' dacht hij. Niet afdwalen.

Bijna liefkozend legde hij het bovenblad uit spar op de werktafel en begon langzaam verder te werken. De rug en de toets waren van esdoorn, maar wat maakte het uit van welke bomen zij afkomstig waren. De realiteit was dat hij moest doorzetten.

Het zweet parelde op zijn voorhoofd. In zijn oren dook een beangstigend geruis op. Hij moest stand houden, niet opgeven, geen zwakte tonen.

Hij wierp een goedkeurende blik op de mooie vlamvormige tekening die van boven naar onder liep, en begon weer te schrapen.

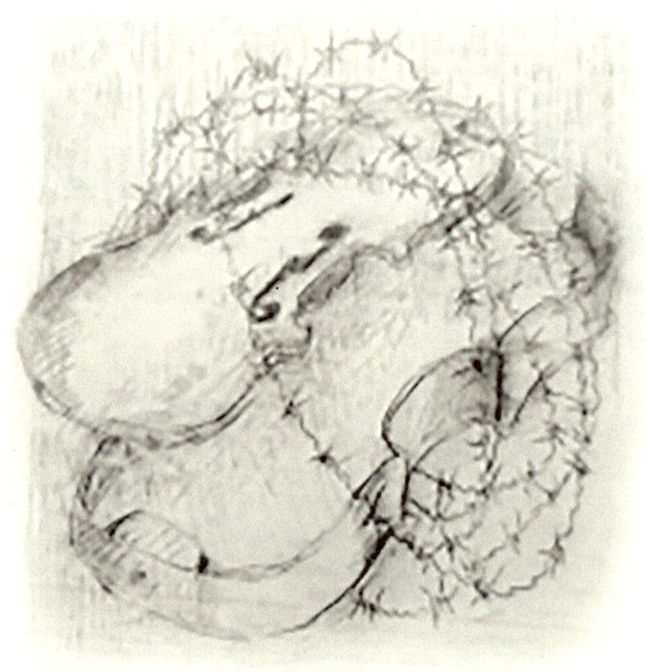

Scène 16

Het beeld van Bull met de starende ogen was nu geheel verdwenen, maar toch voelde de vioolbouwer nog steeds zijn aanwezigheid.

Met uiterste voorzichtigheid plaatste hij de tafel waaraan de ziel was verbonden, terug en bekeek van op een afstand zijn werk.

Het licht viel gezeefd naar binnen en legde een warme gloed over zijn werkkamer, zoals je kunt ervaren als de zon tijdens de zomermaanden begint te dalen en haar laatste stralen nog even de voorbije dag proberen vast te houden.

Als kind had het hem altijd met een soort weemoed vervuld, dezelfde die hij had ervaren wanneer de korenakkers kaal geplukt achterbleven en de zomeravonden korter werden.

Of wanneer de grote vakantie gedaan was en hij plots veel vroeger dan gewoonlijk naar bed moest omdat de school hernam. Vaak lag hij dan nog uren naar de lichtere sterrenhemel te staren en wenste dat de tijd op dat eigenste ogenblik zou stoppen zodat hij niet ouder hoefde te worden en altijd kind kon blijven.

In het begin van de lente, als alles in bloei stond en hij de vogels hoorde fluiten, vroeg hij zich altijd af wat hij daar op die harde schoolbank überhaupt zat te doen.

Kennis bijschaven, intelligenter worden en zich voorbereiden op een vruchtbaar leven, dat was wat van hem werd verwacht. Voor wie of wat vroeg hij zich af? Voor zichzelf? Hij vond

het toen maar een onbeduidend antwoord, een gegeven zonder inhoud.
'Wacht maar, het verstand komt met de jaren,' hoorde hij zijn grootmoeder ergens in een veraf gegleden tijd zeggen. Het zou wel zo zijn, al bleef dat verstand bij hem toch wel heel lang dralen.

Scène 17

Onverwachts klonk het snerpende geluid van een trein die tot stilstand kwam. Hij vermoedde dat hij nog steeds in zijn werkkamer stond, maar alles was zo onduidelijk, bijna niet te onderscheiden zodat hij er zenuwachtig van werd.

Ergens klonk een schreeuw en veraf, bijna niet meer hoorbaar, het geluid van doffe stokslagen op een uitgemergeld lichaam. Het suizen van een zweep, die het weke vlees van iemand openreet.

Hij wilde hier niet meer zijn, maar kon zich niet losmaken van iemand die er wel ooit moest zijn geweest en die net als hij nu, maar onder andere omstandigheden een belangrijke taak moest vervullen, namelijk: een viool bouwen voor een weerzinwekkend gedrocht dat zich *Ubermensch* noemde en het lot van honderden, zoniet duizenden arme drommels in zijn van haat toegeknepen vuist hield.

Weer suisde Bulls' stem door zijn hersens.
Verwoed ging hij verder met schrapen, voorzichtig bevoelen, zodat zijn vingers de tijd kregen ook maar de kleinste oneffenheid te ontdekken.
Hij voelde zijn krachten afnemen, maar hij verplichtte zichzelf om wakker te blijven en verder te werken.
Zijn mond voelde kurkdroog aan. Hij moest drinken, nu meteen.

Paniekerig keek hij rond, wanhopig op zoek naar water. Al was het maar een druppel, die hij over zijn lippen zou uitsmeren, het zou volstaan om nog even vol te houden.

Toen zag hij het half gevulde glas in een soort wazige schemer op de hoek van zijn werktafel.

Zweetdruppels baanden zich een weg naar zijn hals. Hij had het koud en warm tegelijk. Waar was hij aan begonnen? Wat had hem in deze benarde toestand gebracht? Het verwerken van de houtsplinters op de ziel van de viool waar bloed aan kleefde? Bloed van duizenden onschuldige mensen die voorbestemd waren geweest om te sterven? Of had hij teveel horrorverhalen gelezen over de oorlog?

Langzaam welden de herinneringen weer op: hoe hij verloren liep in de doolhof van gangen en de angst die hij er had gevoeld zijn vrouw nooit meer terug te zien.

De poort waartegen hij had geleund toen hij radeloos een schuilplaats zocht voor het noodweer en die hem als het ware een koude vinger in de nek had geduwd, had waarschijnlijk voor de genadeslag gezorgd. Ja, dat moest het geweest zijn wat hem nu van hot naar her slingerde en ervoor zorgde dat hij niet meer normaal kon denken en handelen.

Een vioolbouwer zal er heus wel geweest zijn, alleen wist hij niet exact in welk kamp. Maar hoe kwam die dan bij hem terecht alsof hij de verpersoonlijking ervan was? Hij moest wachten op het antwoord, bedacht hij. Hij moest geduldig zijn, zoals ooit die andere man was geweest, die als kapelmeester werd aangesteld in het kamp der kampen en die enkel '*noten hatte zu schreiben*'.

Tijd bracht altijd raad. Hij pakte het glas water en klokte het vocht in één teug naar binnen.

Scène 18

Wetenschappers beweren dat een normale gezonde mens tot acht weken kan vasten als hij maar water heeft. Als je een beetje vetreserve hebt, kan je lichaam het wel een tijdje uithouden vooraleer het zichzelf begint af te breken. Na enkele dagen zonder eten voel je je prikkelbaar, verward en zwak. Bij complete uithongering begint het ene na het andere orgaan uit te vallen. Je krijgt last van hallucinaties, spierspasmen, stuipen en hartritmestoringen. Dat geldt voor het voedsel, maar niet voor water. Hooguit drie tot zes dagen houd je het uit zonder drinken. In een hete omgeving gaat het nog vlugger. Dan kan je al na enkele uren sterven aan een hitteshock. Maar ook extreme koude kan je fataal worden.

Hij dacht aan de medische experimenten die in verschillende kampen op gevangenen werden toegepast. Vooral gruwelarts Josef Mengele, de engel des doods, was daar expert in. Hij had een voorliefde voor tweelingen.

De vioolbouwer omknelde het glas dat hij zopas tot op de bodem had leeg gedronken. Een onherkenbare donkere zwerm in lompen geklede mensen passeerde zijn netvlies.

Waarover hij zo dikwijls had gelezen, vormde nu beelden in zijn hoofd, die hij niet meer kon uitwissen. Hij rilde.
Hij kneep zijn ogen dicht om te kunnen ontsnappen aan dat waaraan hij werd overgeleverd. Hij moest tot rust komen. Heel langzaam ademde hij in en uit.
Eindelijk vonden zijn vingers hun kracht weer. Het schrapen herbegon. De geur van lijm drong weer in zijn neus. Tegelijk met deze waarneming dook de misselijkmakende blik van Bull weer op, maar de vioolbouwer schudde zijn schouders als om

hem af te weren en grijnslachte.
'Denk je werkelijk dat je mij kunt vernietigen met die bezoedelde blik van je? Je bent en blijft voor mij een demon. Een duivel, maar pech voor jou want ik geloof niet in duivels. Wat heb je daar op te zeggen?'

Hij wankelde terwijl hij de woorden als een klacht uitstootte. Misschien was het een laatste houvast om zich te verzetten tegen elke vorm van denkbeeldige intimidatie.

Met vaardige vingers bevoelde hij de viool, heel zacht en aandachtig. Bij dit intensieve bevoelen, sloot hij meestal de ogen, zo kon hij door niets worden afgeleid om kleine oneffenheden in de welving te ontdekken. Bij het nog ongelakte hout is dit met het oog niet zichtbaar. Enkel als de blinkende lak erop zit, zie je in de schittering de onvolmaaktheden in de welving.
Het werd een liefkozing. Een streling voor oog en zinnen. Hij genoot er van.

In de draaiende cirkels, die hij onafgebroken aanhield, doken af en toe flikkeringen op zoals men kan ervaren bij een stroom waarover het laatste tussen de bladeren doorsijpelende licht een vreemde glans legt en je in een totaal andere wereld laat verdwijnen.
Tegelijk met dit beeld drong van heel ver een melodie tot hem door die hij niet onmiddellijk kon duiden. Hij probeerde tot haar door te dringen, maar het lukte hem niet.

Hij besloot er verder geen aandacht meer aan te schenken. Dit korte intermezzo van gedachten leidde hem te zeer af van het belangrijke werk waar hij mee bezig was, en dat was niet goed.

Hij hield de viool op armlengte en ooghoogte voor zich en haalde diep adem. Zo ver was hij gelukkig al.

Scene 19

Met een kennersblik monsterde hij het werk dat hij reeds had verricht. De nerven van het hout sloten mooi op elkaar aan. Het was tijd om de lijmschroeven te bevestigen.

Zijn hele lichaam prikte zoals wanneer je heel lang door de sneeuw hebt gelopen. Het herinnerde hem aan zijn kinderjaren toen hij met zijn vader lange wandelingen maakte in het gebergte en ze met een knagende maag van de honger ergens een beschut plaatsje zochten om de met zorg door moeder klaargemaakte boterhammen te nuttigen. Het waren momenten die hij nooit zou vergeten, zelfs nu niet terwijl het hongergevoel hem opnieuw parten speelde en hij zich af en toe voelde wegdraaien.

Hij moest eten, alleen vond hij de kracht niet om zich te verplaatsen.

Als de innerlijke mens nood heeft aan voedsel kan hij weleens raar gaan doen, al was het niet onmogelijk dat het te lang gefixeerd blijven op het precisiewerk dat met de viool in onmiddellijk verband stond er het grootste aandeel in had.

Plots werd hij opgeschrikt door een geluid dat van buitenaf tot hem doordrong. Het driftige toeteren van een auto en ongeveer direct daarna de sirene van een ambulance. Of was het de politie die achter iemand aanzat?

Verdwaasd keek hij rond. Waar was hij eigenlijk? Langzaam kwam hij tot het besef dat hij in een wanordelijk atelier aan een viool stond te werken. Dat de zon, die schuin naar binnen gleed, haar houten lijf verguldde waardoor ze door een warme gloed als van oud goud met een zweem van rood en lichtbruin omkranst werd. Het gaf haar iets menselijks. Zij werd, alsnog onafgewerkt, zijn muze.

Hij probeerde dit intense belevingsmoment vast te houden zodat het voelde alsof hij zich al die tijd in een soort trance had bevonden. En misschien was dat ook wel zo.

Hij ging zitten en bekeek de viool met nieuwe ogen. Heel zacht gleden zijn vingers over haar broze, bijna voltooide lijf.

Scène 20

Hij staarde in het langzaam afnemende licht. Hij moest verder werken, anders zou de opdracht nooit tijdig klaar zijn.

Snel begon hij aan het bijschrapen, dat was nodig nu. Maar hoe hij zichzelf ook stelselmatig in een soort volgorde trachtte te plaatsen, het lukte hem niet. Het voelde aan alsof hij iemand anders was.

Hij vroeg zich af of dit telkens heen en weer geslingerd worden tussen realiteit en fictie uiteindelijk niets te maken had met het breken van de vioolziel waarbij hij bij het inwerken van de stukken hout uit de poort werd opgenomen in datgene wat boven ons uitstijgt en waar wij geen verklaring voor hebben.

Als hij eerlijk tegenover zichzelf moest zijn, was het mogelijk dat de dolende zielen ergens in hem rust hadden gevonden en zich nu met een soort verbetenheid vastklampten aan de stem van de muziek die uit de mysterieuze holte van de viool zou opstijgen?

Bij zijn slaap klopte een ader. Natuurlijk, dat zou het zijn. Er was geen andere verklaring voor. Iets was nooit volledig afgesloten zolang het in iemand bleef sluimeren.

Hij bekeek zijn werktafel waarover de ondergaande zon een gloed van oker spreidde. Weer diezelfde gloed, dacht hij, die de arme drommels in het lager telkens in diepe melancholie hadden ondergedompeld.

Vanuit een donkere hoek ergens aan het eind van de kamer voelde hij de triomferende ogen van Bull op zich gericht. Even buiten de schaduw zag hij zijn geopende klauw verschijnen die haar kwam opeisen, zij die zijn redster moest worden.

Een grijnslach verscheen om zijn mond. 'Nooit zal jij haar bezitten,' mompelde hij.
Vlinderlicht beroerden de gefluisterde woorden haar houten lijf. De vioolbouwer bekeek haar zoals hij naar zijn vrouw keek. Niet met begeerte, maar met grenzeloos respect en bewondering.

Inderdaad, hij bewonderde haar, die zijn eigen creatie was, zij die hij met zijn kapotte handen had bevoeld, geschaafd, gekoesterd, geliefkoosd. Wat was zij mooi zoals zij daar roerloos wachtte om bespeeld te worden. Even zag hij de houtsplinters uit de toegangspoort oplichten. Hij luisterde en wachtte.
'Speel,' gebood een stem die plots uit de stilte opdook.

Hij schrok hevig. Angst sloeg hem om het hart. Hij mocht dan al een vioolbouwer zijn en tevens iemand die een viool perfect tot leven kon wekken, een echte violist was hij niet. Toch zette hij aarzelend aan en improviseerde een kort stukje dat op dat moment zijn hoofd binnendwarrelde.
De klank was niet slecht, maar voldeed niet voor hem. Tenslotte was hij een vioolbouwer en geen muzikant. Het instrument zou door een violist moeten bespeeld worden, dan pas kon hij de echte waarde ervan inschatten. En er waren ook nog zijn handen die hij door het intensieve werk nauwelijks kon gebruiken.
Hij bekeek zijn kapotte vingers die een scherpe pijn door zijn vlees joegen zodra hij de snaren aanraakte. Hij moest de juiste persoon vinden om deze creatie, waar hij nu al enkele weken mee bezig was, eindelijk te kunnen afronden.

Bij het bespelen van de viool zou het hout gaan vibreren, zodat de zielen van alle slachtoffers zouden kunnen opstijgen naar de vrijheid. Ja, zo moest het zijn, en niet anders. 'Ik zal mijn violist vinden en alles zal volmaakt zijn,' dacht hij.
Misschien zou hij een kleine formatie kunnen samenstellen. Zij hoefde niet groot te zijn, een violist en een celliste zou volstaan om een harmonisch geheel te vormen.

Plots veerde hij van zijn stoel op, legde de viool op de tafel voor hem en liet heel zacht zijn vingers over haar diepgouden lijf glijden.
'Wat ben je mooi,' fluisterde hij.

Scène 21

Het licht in zijn atelier nam af en liet hem in een soort schemertoestand belanden. Weer vroeg hij zich af of hij het wel was die tussen de houtkrullen ronddoolde.

Niet goed wetend wat een althans voor hem onzichtbare aanwezigheid met hem van plan was, bleef hij doelloos rondscharrelen, nam hier en daar het gereedschap in zijn handen, maar legde het weer neer.

Vaag herinnerde hij zich het gesprek dat hij in gedachten met Bull had gevoerd en dat hem ver buiten het besef van tijd en ruimte had geplaatst. Helder denken was er allang niet meer bij, laat staan dat hij rationeel deze benarde toestand zou kunnen ontvluchten om meer duidelijkheid in de situatie te krijgen.

Toen, plots opduikend uit het niets, hoorde hij langzame, zachte stappen. Hij keek om en zag dat iemand naderbij kwam.

Een geluid van belletjes steeg op. De vioolbouwer keerde zijn hoofd in de richting van het geluid en zag dat er inderdaad iemand in de kamer stond. Hij kon niet goed onderscheiden wie of wat het was omdat een fel licht hem gedeeltelijk verblindde.

'Ik moet weer tot mezelf komen,' dacht hij, 'mezelf bijeenrapen en ophouden om telkens af te dwalen'.

Waarom bleef hij over Bull zeuren. Hier was geen Bull, laat staan iemand die hem zou kunnen belagen. Hij had al die tijd een waanbeeld gevolgd, iets dat inderdaad had plaatsgevonden, ooit in dat kamp waar miljoenen mensen waren omgebracht.

Nu pas herinnerde hij zich haarscherp wie het was geweest die al die tijd tijdens de creatie in hem was binnengedrongen. Hij had zijn getuigenis zo dikwijls gelezen dat ze zich stellig in zijn achterhoofd moest hebben genesteld.

Eerst had hij achteloos gelezen, zonder er veel bij na te denken. Meestal las hij 's avonds, heel laat, om in te slapen. Maar is de menselijke geest, na een dag van intensief creatief werk eigenlijk nog in staat alles helder te registreren? Zo dikwijls was hij met een boek geopend op zijn borst in slaap gedommeld om vervolgens uren later wakker te schrikken en weer maar eens te moeten vaststellen dat hij geheel van de kaart was. Wat wist hij überhaupt nog van enkele luttele uren geleden?
'Ik ben niet goed bezig,' dacht hij.
Dit werk, de creatie van deze viool was een obsessie voor hem geworden, dus moest hij er nu eindelijk toe besluiten haar aan andere handen toe te vertrouwen, anders liep het slecht met hem af.

Scène 22

Daar rinkelden de belletjes weer. Als een waterval. Hij keek op. Knipperde met zijn ogen tegen het binnen sijpelende licht.

Hij onderscheidde het silhouet van de man bij de kast waarin hij zijn mooiste violen bewaarde. Deze keer verdween het silhouet niet. Het groette hem.
'Bent u hier allang?' vroeg hij. Zijn stem klonk een beetje onzuiver, alsof een sluimerende verkoudheid nu pas doorbrak.
'Ik sta hier inderdaad al een tijdje, maar wilde niet storen omdat je zo intens in gedachten verzonken was. Omdat er geen reactie kwam, heb ik de deur nog eens geopend.'
'Hmm, ja, vandaar het geluid van de belletjes. Niks mis mee natuurlijk. Neem me niet kwalijk dat ik je onnodig liet wachten. Dat was helemaal niet nodig, maar zoals je ziet sta ik nu volledig tot je beschikking. Mag ik vragen wat je naar hier heeft gebracht.'
'Ik zoek enkele oefenviolen voor mijn leerlingen.'
'Oefenviolen? Komt u dan maar even verder met me mee. In mijn atelier heb ik er enkele.'

Bij de werktafel bleef de man staan. Langzaam zakte zijn hoofd omlaag, terwijl zijn rechterhand in één vloeiende beweging de viool aanraakte die onder het lamplicht lag.
'Ik vermoed dat dit geen oefenviool is?' Zijn stem had een zachte klank.
'Een nieuwe creatie.'
'Prachtig, In één woord prachtig. Ik zou haar liever anders betitelen, maar ik vind de woorden niet. Mag ik?'

Hij wachtte het antwoord niet af. Reeds had hij het instrument opgenomen. Bewonderend gleed zijn blik verder.

‘Een echt kunstwerk,’
‘Bespeel haar, wek haar tot leven. Geef haar de ziel terug die ik heb gebroken.’ Hij dacht de woorden, maar zei ze niet hardop.

Alsof de man de stille verzuchting had gevoeld, legde hij de viool tegen zijn schouder. Met trage ritmische bewegingen begon de violist het thema van de melodie. De strijkstok gleed strelend over de snaren, nauwgezet. Zijn vingers zochten de juiste plaats en lasten een fractie van een seconde een rustpauze in. Dan ging hij weer verder.

De vioolbouwer sloot de ogen en dronk de melodie in. Hij herkende onmiddellijk het thema van Mendelssohns vioolconcerto. De klank van de viool verspreidde zich loepzuiver doorheen de kamer, trilde in zijn hersens, zoemde na in elke vezel van zijn lichaam. Het was magie die zich als een onzichtbare sluier rond zijn hart legde.

Het grauwe lager met de steeds aanwezige grijze, stinkende rook door metershoge schouwen uitgebraakt, maakte plaats voor het licht dat nu vol van de straatkant zijn werkplaats binnengleed. De klanken vlochten onzichtbare draden rond zijn hoofd.

Draden… Het kamp was omwikkeld door draden. De vioolbouwer had het in de getuigenis van de kapelmeester gelezen. De draden boden soms een redding voor zij die niet verder wilden of konden. Zij, die het lager als een loodzware zak op hun knokige schouders torsten, maar nooit een uitkomst zagen.
Soms raakten hun hersens zodanig verward dat ze nog enkel de draden zagen als redding. Om niet langer te moeten lijden. Om niet langer de vernederingen te moeten ondergaan. Om niet langer honger te hebben en telkens weer, iedere dag opnieuw onophoudelijk aan eten te denken. Om iedere dag als een dier in het kamp rond te lopen, maar niets te vinden.

Op de achtergrond, heel zacht, klonk het Kol Nidrei.(*)

Plotseling zweeg de viool. De vioolbouwer keek op. Zag de man in het dalende licht van de avondzon.
'Niet stoppen,' fluisterde hij. 'Blijf spelen. Laat de zielen vrij.'

De poort die toegang verschafte tot de vijfde tunnel van het lager Ebensee. Vioolbouwer Luc Deneys uit Gent verwerkte de stukjes hout als tranen in zijn nieuwe creatie.

Nawoord

Dat ik vooral heel wat bij elkaar heb geschreven over de Tweede Wereldoorlog heeft - zo denk en voel ik het toch - het meest te maken met mijn vader, actief bij het plaatselijke verzet, die door een jeugdvriend werd verklikt en daardoor in een werkkamp in Duitsland terechtkwam.

En waarschijnlijk had het ook wel te maken met mijn grootvader, die vier jaar de loopgraven in de Eerste Wereldoorlog onderging en als een getraumatiseerde mens terugkwam. Hij had de gasaanvallen meegemaakt. Had door een verdwaalde kogel een litteken aan een kant van zijn mond opgelopen. Vertelde dat hij als bij wonder door een 'schrapnel', die in zijn rugzakje bleef steken, van de dood werd gered. Bekeek me met wazige, vochtige ogen als hij vertelde over zijn vriend die naast hem dood lag en hij zijn naam bleef roepen, altijd maar luider en luider, maar er geen antwoord kwam. Ik vroeg hem of hij tijdens de gevechten ook Duitse soldaten had gedood, maar nooit kreeg ik daar een afdoend antwoord op.

Omdat hij nooit antwoord gaf, voelde ik wel dat het antwoord 'ja' was, want steevast eindigde hij met de zin: 'Och kindje, ge moet mij dat niet vragen want het was ieder voor zich. Het was oorlog. Wij moesten vechten. Wij moesten ons land verdedigen, maar ook onszelf.'

Hij zei het niet met zoveel woorden, maar ergens kon ik het wel begrijpen. Ook al zweeg hij soms in alle talen, toch voelde ik wat hij wilde zeggen. De woorden kwamen niet, maar ik bedacht ze voor hem, fluisterde ze in zijn oor – het goede dat nog hoorde want het andere was getroffen door het geluid van de bommen en bleef sindsdien doof - drukte zijn hand, waarna er een kort knikje van zijn kale hoofd volgde, en keek daarna in die altijd vochtige, roodomrande ogen. Ik vroeg niet verder. Waarom zou ik ook? Natuurlijk had hij Duitse soldaten gedood. Vaak waren het lijf aan lijf gevechten met 'de bajonet op het geweer' zoals hij telkens toelichtte. In stilte gruwde ik daarvan, maar zei niets.

Natuurlijk begreep ik mijn in die omstandigheden voor zijn leven vechtende grootvader. Of zal ik zeggen dat ik het 'wilde' begrijpen.

Als adolescent wilde ik vooral weten waarom die jonge mannen zich, meestal als vrijwilliger, bij het leger lieten inlijven. Was het om de soldij die ze ervoor zouden ontvangen, maar die bij mijn weten nooit kwam? Was het gewoon uit idealisme of was het echt voor het vaderland?

Zoals mijn vader die 's nachts pamfletten ging aanplakken tegen 'den Duits'. Tegen het naziregime. Tegen het onrecht dat hen weer maar eens werd aangedaan, zij, die eigenlijk nog niet volledig waren hersteld van de naweeën van de Eerste Oorlog. Nooit reikte mijn vaders en grootvaders relaas echter verder dan onsamenhangende flarden verhaal van hoe het was geweest daar in die loopgraven, voor wat mijn grootvader betreft dan, enkele vage anekdotes hoe zij mentaal de bombardementen hadden doorstaan, of bijvoorbeeld hoe mijn vader in dat werkkamp had gefunctioneerd, tenzij enkele incidenten die zich toch wel hadden voorgedaan en waarvoor hij zich had moeten verantwoorden.

Op het nippertje ontsnapte hij aan een transport. Hij had het aangedurfd de groet onder de vlag uit te brengen 'mit geballter Faust'. Later zou hij leren niet zo impulsief te zijn!

Alleen als hij het had over zijn vlucht in een schuilkelder en na het bombardement een platgebombardeerde stad terugvond met honderden lijken van tienerjongens die tot de Hitlerjugend behoorden, stokte zijn verhaal en bleef hij verder zwijgen als het graf. Wat was er mis gegaan in zijn hersens, in zijn psyche toen hij die kinderen zag liggen, een foto van een moeder in de hand of op hun borst gespeld. Het waren kindsoldaten die voor een losgeslagen gek de hel in moesten, zonder pardon, zonder verweer, zonder ook maar enige tegenstand. Want, tegenstand betekende de kogel. In beide richtingen, of je nu vriend was of vijand.

Ik kan maar niet begrijpen hoe één man, zoals Hitler, in staat was een ganse natie achter zich te scharen. En natuurlijk weet ik dat zijn entourage uit een bende psychopaten bestond, die de man nog gekker maakten dan hij al was. Ik begreep ook niet waarom volwassen mensen zoals de joden zich zo massaal naar de slachtbank lieten drijven. Maar misschien moest ik maar niet teveel oordelen, of te veel vragen stellen. Ik werd er zo suf van in mijn hoofd. Het fenomeen Hitler met zijn naziregime was al tot in den treure bestudeerd en er was nog steeds geen duidelijk antwoord op de vraag 'waarom'. Misschien moest ik maar gewoon leren berusten in wat er zich in de geschiedenis had afgespeeld.

Manipulatie, corruptie en macht om macht waren nu eenmaal van alle tijden en ik zou daar echt niet veel aan veranderen. Het was gebeurd en niemand had de kracht gehad zich hiertegen te verzetten.

Ik denk aan mijn goede joodse vriend Dov Nasch die op 6 juni 1944 samen met zijn moeder, broertje Emil en drie zussen in het quarantainekamp van Birkenau terechtkwam en een vijftal keren met kamparts Josef Mengele in contact kwam, maar door, volgens hem onverklaarbare toevallen van de gaskamer bleef gespaard. Heel zijn leven zou hij zich blijven afvragen waarom zijn moeder met zijn broertje onmiddellijk na aankomst naar de gaskamer werden verwezen. (*getuigenroman Bewaar altijd een stukje brood);* mijn hartsvriendin Myriam Lipsitz, als Antwerps joods ondergedoken kind, die in het doorgangskamp Kazerne Dossin te Mechelen terechtkwam en een kindgijzelaar werd van de Gestapo. Heel haar leven zou zij blijven zoeken door wie zij uit Dossin gered was. *(getuigenroman Mimi)*; mijn dappere 8-jarige Roger Godfrin, die op 10 juni 1944 uit het brandende en volledig uitgemoorde Oradour-sur-Glane aan de nazi's kon ontsnappen, waarover ik het vluchtverhaal *Zullen we samen schuilen* schreef, en waardoor ik zijn dochters Claudine en Florence terugvond in het ouderlijke huis in de Elzas. Ik denk ook aan de enige overlevende van die hel, Robert Hébras, die ik op een herdenking in Oradour ontmoette. Allen zijn ondertussen overleden, op Robert Hébras na dan. Zoals ook mijn lieve papa en grootvader. Met wie van de mij zo dierbaren kon ik nog praten of op lezing gaan om getuigenis af te leggen over misschien wel één van de ergste oorlogen die ons land had gekend? Oorlog I was man tegen man en verschrikkelijk in de meest overtreffende trap, maar oorlog II blijft voor mij toch het meest ingrijpend, het meest verwoestend en vooral het meest pervers. Ja, ik noem die oorlog pervers omdat hij op een verdorven manier werd gevoerd en omdat hij in tegenstelling tot oorlog I een demonische inslag had.

Met de vrienden die ik hierboven aanhaal heb ik lief en leed gedeeld, me verplaatst in hun psyche, hun denken, hun gevoel en internering in de kampen of op onderduikadressen waar vele van hen terechtkwamen. Met hen heb ik honderden schoollezingen gehouden in het kader van 'herinneringseducatie', maar plots waren zij er niet meer en stopte daardoor ook het intense contact met hun familie, iets wat ik nog steeds elke dag betreur.

Toen in 2015 de terreuraanslagen in ons land en naaste buurlanden plaatsvonden, en de wereld in februari 2022 in kennis werd gesteld van het feit dat de Grote Leider uit Rusland het nodig achtte de oorlog te verklaren aan Oekraïne, met alle gevolgen van dien, kreeg ik het bijzonder moeilijk om over dit thema nog verder te schrijven of erover te gaan spreken. Wat hadden ons de voorbije oorlogen geleerd? En wat kon ik jonge mensen nog meer over die twee oorlogen gaan vertellen nu we met een nog groter probleem zaten opgescheept? De beelden die ons via de media bereikten, schokten mij zo diep dat ik besloot het thema 'oorlog' voor een tijdje uit mijn systeem te bannen. Voor de eerste keer in mijn schrijversloopbaan stak een ernstige malaise de kop op, die tot een maandenlange schrijfstop leidde en die ik zelf voor een groot deel bewust inlaste.

Tot ik op de getuigenroman *De kapelmeester van Auschwitz* van kampoverlevende Szymon Laks, gevolgd door de roman *De vioolbouwer van Auschwitz* – al dan niet gebaseerd op waar gebeurd – van Maria Angels Anglada stuitte. Beide memoires zetten opnieuw iets in beweging. Veranderde er toch iets aan mijn gevoelens namens het fenomeen WO II en alles wat daarbij hoorde?

Szymon Laks' boek fascineerde mij dermate, dat ik toch opnieuw op zoek trok naar de onderliggende geschiedenis ervan. Zo ontdekte ik vrij vlug dat de Pools-Joodse violist, na een jaar gevangenschap in een Frans interneringskamp te hebben doorgebracht en van daaruit naar Auschwitz-Birkenau te worden gedeporteerd, waarschijnlijk de laatste kapelmeester was die dat kamp ooit zou kennen.

Na zijn terugkeer uit het concentratiekamp Birkenau schreef hij zijn memoires neer in het boek 'Mélodies d' Auschwitz', dat in 1948 in het Frans verscheen. Voor de uitgave in het Pools kreeg hij van het Poolse ministerie van Cultuur geen toestemming "*omdat hij de Duitsers er te menselijk in zou hebben voorgesteld.*" Pas in 1979 kwam er een Poolse uitgave, op kosten van de auteur zelf, die in Londen werd gepubliceerd. Na zijn dood in 1983 op 82-jarige leeftijd verschenen er, dankzij zijn zoon André Laks, vertalingen van het boek, eerst in het Engels, daarna in het Duits en ten slotte in 1991 in het Nederlands met als titel: *De kapelmeester van Auschwitz.* Het boek werd aangevuld met een uitvoerig nawoord van zijn zoon André.

In de recensie van Siebe Riedstra lezen we dat Laks "*gedetailleerd, met scherp menselijk inzicht en met integere distantie zijn rol bij het arrangeren en uitvoeren van muziek in een omgeving die het bedrijven van elke vorm van kunst tartte, beschrijft. Zijn activiteit als violist en later als dirigent deden hem Auschwitz overleven, maar plaatsten hem tevens voor een moreel dilemma.*"

Toen ik Szymon Laks' boek beëindigde, wist ik meteen dat ik er meer zou mee doen dan zomaar een zoveelste getuigenis lezen of eventueel beschrijven. Zijn getuigenisverhaal gaat niet alleen over een gewone sterveling individu/slachtoffer van de Holocaust, maar tegelijk over hoe dit individu/slachtoffer met zijn kunstvak, in dit geval, de muziek omging. In de kampen had men die mensen niet nodig. Men had mannen en vrouwen nodig die handen aan hun lijf hadden en konden worden ingeschakeld in de oorlogsindustrie. Maar daar was dan die veelzijdige muzikant Szymon Laks, die door een banaal toeval bij de block-oudste terechtkwam "*omdat men iemand zocht om te bridgen die Pools sprak*", en nadat hij zijn eigenlijke beroep had verklapt, werd uitgenodigd om auditie te doen om aan het kamporkest in Birkenau als violist te worden toegevoegd. Een tijd later zou hij er ook dirigent van worden. Tijdens zijn auditie speelde hij een fragment uit het vioolconcert van Mendelssohn. Te laat besefte hij dat Mendelssohn een verboden componist was voor de nazi's. Niettemin moet Szymons vioolspel toch behoorlijk wat indruk hebben gemaakt op de overste want hij werd onmiddellijk aangenomen.

In zijn boek verklaarde Laks het volgende: "*Daar ik lange tijd deel uitmaakte van het orkest in Auschwitz II en er gedurende een bepaalde periode de dirigent van was, beschouw ik het als mijn plicht dit onwerkelijke hoofdstuk in de geschiedenis van de muziek te vertellen en in een bepaald opzicht te herdenken, want door een beroepshistoricus in deze tak van kunst zal het waarschijnlijk wel niet gedaan worden.*" Laks getuigde "*dat muziek verre van een medium van weerstand was, maar een aanvullend martelinstrument, een instrument van totale overheersing. Muziek verergerde de toestand van de gevangenen, fysiek en moreel. Het was er enkel om hen aan te zetten om te werken, zonder erbij na te denken.*"

Op 28 oktober 1944 werd Laks overgebracht naar het concentratiekamp Dachau. Alles gebeurde in allerijl, want een divisie van Russische bevrijders was niet veraf. Zo verloor Laks in enkele uren niet alleen zijn beroep, maar tevens zijn bescherming om 'door de muziek' in leven te blijven want uiteraard werd het orkest opgedoekt.

Op 29 april 1945 werd hij bevrijd door het Amerikaanse leger. Op 18 mei werd hij teruggebracht naar Parijs.

Wat hij schreef aan partituren en arrangementen tijdens zijn gevangenschap bleef op zijn werktafel achter toen het kamp in allerijl werd ontruimd omdat de Russische bevrijders in aantocht waren. Van zijn zoon André kreeg ik de bevestiging dat zij hoogstwaarschijnlijk in het archief van Auschwitz waren terechtgekomen.

Szymon Laks verwoordt het op deze manier: "*Ik heb geen idee wat er met de muziek is gebeurd die ik schreef in het kamp. Ik heb het me nooit meer afgevraagd. In het Auschwitz-Museum misschien?*"

De getuigenisroman *De kapelmeester van Auschwitz* is een uniek document in het kader van herinneringseducatie.

Andere boeken, die in het onmiddellijke verband stonden met muziek tijdens de Holocaust:

De celliste van Auschwitz van Anita Lasker-Wallfisch of *hoe een jonge muzikante Auschwitz en Bergen-Belsen overleefde.* Ik was niet weinig verbaasd, maar ook geschokt toen ik las dat Anita regelmatig voor kamparts Mengele moest spelen. Hij was verzot op Schumanns *Traumerei*, dat hij vaak floot of neuriede tijdens zijn werkzaamheden. Over welke 'werkzaamheden' hij het dan wel had was maar zeer de vraag, al zat het antwoord al klaar in mijn hoofd.

Niet lang daarna las ik in de Volkskrant het interview van Prof. Edith Eva Eger (door Antoinette Scheulderman) met de titel: *Ballerina van Auschwitz.* Ook Edith Eger kwam in nauw contact met dr. Josef Mengele (De engel des doods), die in Auschwitz II (Birkenau) aangesteld was als arts en daar vooral proeven deed op tweelingen. Edith Eger, amper 16 jaar, moest voor hem dansen.
"Magda en ik houden onze moeder tussen ons ingeklemd.

Nu is het onze beurt. Dr. Mengele dirigeert. Hij gebaart naar mijn moeder om links te gaan. Ik wil haar volgen. Hij grijpt mijn schouder. 'Je zult je moeder heel snel weer zien', zegt hij. 'Ze gaat gewoon even douchen.' Hij duwt Magda en mij naar rechts. (Uit: Edith Eger: De Keuze - leven in vrijheid)"

Links betekende: de gaskamer.

"Diezelfde avond komt Josef Mengele de barakken binnen. Behalve een gewetenloze moordenaar is hij kunstliefhebber. In Auschwitz laat hij getalenteerde gevangenen voor hem optreden. Uw medegevangenen weten dat u in Hongarije een opleiding tot ballerina en turnster volgde en duwen u naar voren." zegt hij. "Achter hem stond een orkest. 'Kleine danseres, dans voor me', zei hij. De musici beginnen De blauwe Donau-wals te spelen, een dans die ik drie jaar eerder uitvoerig had gerepeteerd. Terwijl ik mijn passen maak, doe ik mijn ogen dicht, omdat ik het niet kan verdragen hem naar me te zien kijken. Ik stel me voor dat ik Tsjaikovski's Romeo en Julia uitvoer, op het toneel van de Hongaarse Opera." (uit: Ballerina van Auschwitz)

Op 4 mei 1945 wordt zij door een Amerikaans soldaat meer dood dan levend uit de stapel lijken getrokken. Edith en haar zussen overleven het kamp.

De pianiste van Theresienstadt, van Caroline Stoessinger bracht me in contact met de getuigenis van Alice Herz-Sommer, die in 1942, samen met haar zoontje naar Theresienstadt werd gedeporteerd. "*Haar muziek en haar optimisme houden Alice op de been, maar wanneer zij en haar zoon na de oorlog terugkeren, blijken haar familie en haar vriendenkring door de nazi's vergast".* Weer de muziek die liet overleven.

Violins of hope by James A. Grymes:
"Grymes traces the beautiful and haunting history of violins played by Jews in the Holocaust. Each chapter is dedicated to one violin and its players, places and how it eventually came into the hands of Israeli violinmaker and repairman mnon Weinstein. The accounts are unembellished, with plain, yarn-spinning language. They breathe new life into history." - Publishers Weekly.

(Grymes schetst de mooie en beklijvende geschiedenis van violen die door Joden in de Holocaust werden bespeeld. Elk hoofdstuk is gewijd aan één viool en zijn spelers, en hoe deze uiteindelijk in handen kwam van de Israëlische vioolbouwer en reparateur Amnon Weinstein. De verslagen zijn onversierd, in een duidelijke, garenspinnende taal. Ze blazen de geschiedenis nieuw leven in.- Publishers Weekly. (vrije vertaling PDL)

De vioolbouwer van Auschwitz van Maria Angels Anglada, een aangrijpend verhaal dat vertelt hoe de joodse Daniel zich in de hel van Auschwitz weet staande te houden door als timmerman te werken. Wanneer de kampcommandant zijn ware beroep ontdekt daagt hij hem uit om een viool te maken die alle andere violen overstijgt. Of er effectief een vioolbouwer in Auschwitz heeft bestaan, weet ik niet, maar het verhaal inspireerde mij om mijn novelle te schrijven.
Mijn oude passie stak opnieuw de kop op zodat ik niet anders kon dan er gevolg aan geven
Zat ik nu net opnieuw in die kampenleefwereld ondergedompeld toen er iets heel merkwaardigs gebeurde. Samen met violist Bernard Bertoni, mijn schoonzoon, bezocht ik het atelier van de Gentse vioolbouwer Luc Deneys. Hij ging er zich oefenviolen aanschaffen voor zijn leerlingen. Vrij vlug ontspon zich tussen ons een gesprek over onze beide passies en kwam ik te weten

dat hij tijdens één van zijn reizen in Oostenrijk het werkkamp Ebensee bezocht. Aan één van de toegangspoorten vond hij op de grond houtsplinters afkomstig van de poort die toegang gaf tot de vijfde tunnel. Hij nam de splinters mee naar huis en borg ze op in een glazen kast samen met zijn mooiste violen. Maanden later, tijdens het bouwen van een nieuw instrument, kwam hij op het idee de houtsplinters in de viool te verwerken. Hij brak het bovenblad ter hoogte van de plaats waar de ziel - niet meer dan een houten steunbalkje, maar heel belangrijk - in de viool wordt geplaatst, en verwerkte de gedroogde houtsplinters in de vorm van tranen in het bovenblad. De gedachte hierachter is dat bij het bespelen van de viool het hout gaat vibreren en de zielen van al de slachtoffers uit de kampen opstijgen naar de vrijheid.

Een nieuwe, boeiende en mystieke wereld ging op dat moment voor mij open. Schrijvend liet ik de twee werelden, enerzijds die van Laks, anderzijds die van Luc Deneys in elkaar overvloeien. De metaforen en dat wat boven ons uitstijgt hielpen mij om de monoloog te voltooien.

Het schrijfproces van de monoloog, getiteld *Muziek in een lachspiegel* nam meer dan twee jaar in beslag. In de eindfase herschreef ik de monoloog naar novelle waarbij de vioolbouwer een intensievere rol krijgt toebedeeld. Mijn oprechte dank gaat dan ook uit naar Luc Deneys, die de tekst met toepasselijke tekeningen illustreerde en mij technisch ondersteunde. Maar evenzeer betuig ik mijn oprechte dank aan André Laks, zoon van kapelmeester Szymon in het vernietigingskamp Birkenau voor de waardevolle correspondentie die ik met hem mocht voeren. Voor wat de laatste kapelmeester uit Birkenau betreft, blijft één belangrijk gegeven voor mij open: Szymon Laks herbewerkte, herschreef en arrangeerde meerdere liederen tijdens zijn gevangenschap. Toen het kamp werd ontruimd, liet hij alles achter. In zijn getuigenroman schreef hij: "*Met vochtige ogen keek ik naar onze Musikstube, zei vaarwel tegen de instrumenten die keurig in gelid stonden opgesteld, tegen de stapel beschreven muziekpapier, tegen de tafel waaraan ik zo veel dagen, weken, maanden veilig had gewerkt. Ik schaam me om het toe te geven, maar ik verliet Birkenau met pijn in het hart.*"

Zoals reeds in dit nawoord aangehaald kwam ik via de vertaler van het boek Jos den Bekker – wat hij trouwens op schitterende wijze heeft gedaan - in contact met de zoon van Szymon, André Laks. Mijn uitzonderlijke dank gaat dan ook uit naar André Laks, die mij tijdens mijn soms metaforische reis begeleidde en antwoord gaf op de noodzakelijke vragen die ik hem stelde tot voltooiing van, enerzijds de theatermonoloog *Muziek in een lachspiegel*, anderzijds *Geschaafde zielen,* de novelle.

Deze novelle is voor mij één van de belangrijkste werken die ik in de loop van meer dan veertig jaar letterkundig engagement heb geschreven.

Toen ik haar eindelijk volledig afsloot, viel een zware last van mij af. Of had ik het toch nog mis? Niet driemaal, maar zelfs vijfmaal heb ik dit verhaal herwerkt om tot een zo homogeen mogelijk geheel te komen. Ik heb het met passie gedaan, maar niettemin bezorgde het me vreselijke kopzorgen. Was dit nodig? Zou iemand die het las hier wakker van liggen? Wellicht niet, maar nu het er eenmaal was moest ik toegeven aan mijn innerlijke stem, een stem die ik nooit onbeantwoord laat: Dus ja, het moest. Voor mijn nageslacht. Voor mijn eigen zielenrust. Voor mijn gestorven vrienden. Voor de miljoenen slachtoffers van zinloze oorlogen. En in het bijzonder voor mijn vader en grootvader, die twee oorlogen in ons land hebben getrotseerd, ook al zijn ze er nooit wijzer door geworden. Wordt men eigenlijk wijzer door een oorlog? In bepaalde opzichten wel, in bepaalde niet. Ik plaats het antwoord in het midden. Zij zwegen bij mijn vele vragen, dus is het raadzaam niet verder te wroeten. Wat geweest is, is geweest, ook al nemen we er geen afstand van. De herinneringen blijven en moeten worden doorgegeven aan de volgende generaties.

Laten we daarom sterker dan ooit VREDE en VERDRAAGZAAMHEID uitdragen opdat de kreet NOOIT MEER uiteindelijk door iedereen zou worden gehoord.

Patricia De Landtsheer

Bibliografie / Bronnen

De Kapelmeester van Auschwitz, getuigenisroman van Szymon Laks, met een nawoord van zijn zoon André Laks. Vertaling Jos den Bekker. Oorspronkelijke titel: Music of Another World. Eerder verschenen in 1991 bij uitgeverij Kritak, Leuven. Nu bij Elikser uitgeverij B.V. Leeuwarden.

De vioolbouwer van Auschwitz, Maria Angels Anglada, oorspronkelijke titel El violi d'Auschwitz, uitgegeven door Columna Edicions, S.A. 2004, eerste Nederlandse editie © Adri Boon en De Geus BV, Breda 2010.

De celliste van Auschwitz, Anita Lasker-Wallfisch, Hoe een jonge muzikante Auschwitz en Bergen-Belsen overleefde.
Uitgeverij Omniboek, 2015, vertaling Henk Hardeman.

Violins of Hope, James A. Grymes, Violins of the Holocaust. Instruments of Hope and Liberation in Mankind's Darkest Hour, Harper.Perennial – An Imprint of HarperCollinsPublishers., 2014. Met een proloog van Amnon Weinstein.

De pianiste van Theresienstadt, Alice Herz-Sommer en Caroline Stoessinger, Oorspronkelijke titel: A Century of Wisdom – oorspronkelijke uitgever: Spiegel & Grau, Random House, Imc. – Vertaling: Sabine Mutsaers, 2012.

De Keuze – Leven in Vrijheid, Dr. Edith Eva Eger, Oorspronkelijke titel: The Choice, vertaling: Elisabeth van Borselen, 2018 A.W. Bruna Uitgevers B.V. Amsterdam.

Noot:
Betekenis Kol Nidrei (volledig volgens Wikipedia, Vrije Encyclopedie)

Kol Nidree (Hebreeuws: ירדנלכ), **Kol Nidre** of **Kol Nidrei** (Nederlands-Jiddisch/Asjkenazisch) dan wel **Kaal Nidree** (Sefardisch) is het joodse gebed dat negen dagen na het Joods nieuwjaar, op de tiende van de joodse maand tisjri en wel op de avond van Jom Kipoer driemaal wordt opgezegd. In dit gebed verzoekt men om nietigverklaring van alle geloften, eden en verplichtingen, die men gedurende het afgelopen jaar op zich heeft genomen. Het gaat in deze nadrukkelijk om geloften jegens God en jegens zichzelf, niet jegens anderen.

Het gebed is nog voor de verwoesting van de Tempel ontstaan. Voordat de hogepriester het Heilige der Heiligen binnenging (één keer per jaar, op Jom Kipoer) zong hij een lied over zijn zonden, over de zonden van de overige priesters en over de zonden van heel Israël. Nadat hij in het Heilige der Heiligen voor de zonden van het gehele volk had geofferd stuurde men een geitenbok, de zogeheten zondebok, de woestijn in om daar te sterven. Deze bok stond symbool voor alle zonden van het volk.

Patricia De Landtsheer is sinds 1979 auteur van poëzie en romans voor jeugd en volwassenen. In 1993 verscheen haar eerste jeugdboek ***Nog even naar Jan*** bij uitgeverij Clavis. Sindsdien is zij full-time auteur en publiceert zij bij verschillende uitgeverijen. In haar boeken behandelt zij meerdere thema's, o.a. drugs en drugsverslaving, de Holocaust, Wereldoorlog II, Heksenvervolging, dementie. In haar boeken staan vriendschap en verdraagzaamheid altijd centraal. Jaarlijks geeft zij tientallen lezingen in scholen, culturele centra, bibliotheken, verenigingen, zowel voor kinderen, jongeren als volwassenen. Zij geeft workshops poëzie en literatuur voor volwassenen, jongeren (secundair) en kinderen (basisonderwijs derde graad). Haar voornaamste werken zijn o.a.: de ***Ploef***-reeks (4 boeken) en de ***Heikje Heks***-reeks (5 boeken), die in 2016 en 2020 respectievelijk werden heruitgegeven onder de titel ***Heikje heks en haar vriendjes*** & ***Heikje heks en het geheim van Betkin***. Naast proza schrijft zij ook theater. Het theaterboek ***'Licht uit, Spots aan'*** en ***Zwart-Wit,*** de theatermonoloog ***Muziek in een lachspiegel,*** samen met verschillende theatercreaties voor de jeugd werden opgenomen in theateruitgeverij Almo. De dichtbundels ***De zoete zucht der dingen*** en ***Doorheen de duisternis, het licht*** *(*oorlogspoëzie, met een inleiding van prof. Van Goethem*)* kenden veel succes en werden meermaals gekoppeld aan muziektheater. Van 2000 tot 2014 stelde zij, in het kader van ***Gedichtendag, Vlassenbroek-Poëziedorp & Notelaarse Kunst- en Poëziedagen***, diverse bloemlezingen samen. Haar naam is te vinden in tal van tijdschriften en bloemlezingen waarin gedichten van haar werden opgenomen. Zij werd meermaals bekroond. Verschillende van haar boeken kenden meerdere herdrukken. Haar lievelingskleur is blauw. Haar schrikbeelden: oorlog en uitbuiting van kinderen.

Luc Deneys is een vioolbouwer die unieke instrumenten maakt. Gedurende zijn studies combineerde hij plastische kunsten en een muziekopleiding. Heel zijn verdere loopbaan zal door deze twee ambachten gekenmerkt worden. Luc bouwt geen reeksen maar voor elk instrument experimenteert hij met vorm en klank. Elk instrument is daarom ook een nieuwe creatie en daardoor een individueel kunstwerk op zich. Luc Deneys bouwde ruim meer dan 200 instrumenten.

les
iles

uitgeverij les iles • lesilespublishers@gmail.com

www.lesiles.be

eerste druk (softcover) ISBN 9789460211409

tweede druk (hardcover)

WD: D/2022/12.833/68

Nur Code : 301 / 689

www.ingramcontent.com/pod-product-compliance
Lightning Source LLC
La Vergne TN
LVHW042355150826
845671LV00002B/130

* 9 7 8 9 4 6 0 2 1 1 4 0 9 *